KB219719

홍콩

HONG KONG

클레어 비커스, 비키 챈 지음
윤 영 옮김

세계의 **풍습과 문화**가 궁금한
이들을 위한 **필수 안내서**

★ 세계 문화 ★
여행

홍 콩
HONG KONG

시그마북스
Sigma Books

세계 문화 여행 _ 홍콩

발행일 2018년 8월 20일 초판 1쇄 발행
지은이 클레어 비커스, 비키 챈
옮긴이 윤영
발행인 강학경
발행처 시그마북스
마케팅 정제용, 한이슬
에디터 권경자, 김경림, 장민정, 신미순, 최윤정, 강지은
디자인 최희민, 김문배

등록번호 제10-965호
주소 서울특별시 영등포구 양평로 22길 21 선유도코오롱디지털타워 A404호
전자우편 sigma@spress.co.kr
홈페이지 http://www.sigmabooks.co.kr
전화 (02) 2062-5288~9
팩시밀리 (02) 323-4197
ISBN 979-11-89199-17-3 (04900)
       978-89-8445-911-3 (세트)

이 도서의 국립중앙도서관 출판예정도서목록(CIP)은 서지정보유통지원시스템 홈페이지(http://seoji.nl.go.kr)와
국가자료공동목록시스템(http://www.nl.go.kr/kolisnet)에서 이용하실 수 있습니다.
(CIP제어번호: CIP2018023244)

* **시그마북스**는 (주)**시그마프레스**의 자매회사로 일반 단행본 전문 출판사입니다.

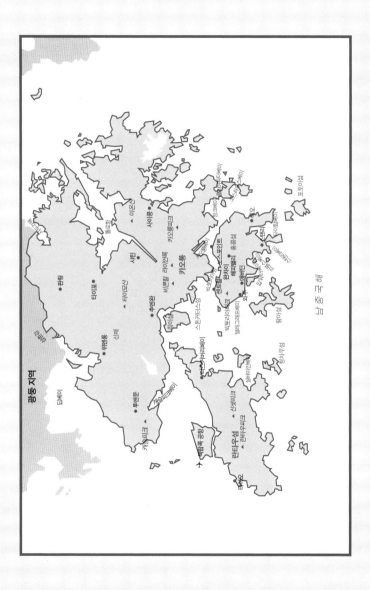

차 례

홍콩은 독특하다. 또한 지리적 위치와 역사 덕분에 세계에서 놀라울 정도로 중요한 역할을 맡아왔다. 중국이 서양에 문호를 개방하고 특정 산업에서 싱가포르와 경쟁을 하고 있음에도, 중국과 세계를 잇는 고리, 서양을 향한 동양의 전초기지로서 홍콩의 역사적인 역할은 여전히 유효하다.

문화적으로 홍콩은 중국의 전통에 뿌리를 두고 있지만, 서구화의 영향을 지울 수 없다. 인구 대부분이 지난 몇백 년 동안 중국 남부에서 이주해온 사람들이긴 하지만, 중국의 다른 지역과 그 외 지역에서 온 인구도 상당하다. 그들은 관리가 잘되는 질서 정연한 홍콩으로 이주했다가 이곳의 상대적인 안정성과 법치주의가 비즈니스에 큰 도움이 된다는 사실을 알게 되었다.

비즈니스는 어디에서나 벌어지고 있다. 수없이 많은 가게와 상점뿐만 아니라, 시장과 거리의 음식점도 24시간 운영되고 있다. 비즈니스는 홍콩의 생명줄이며 협상은 비즈니스를 북돋는

산소 같은 존재다.

홍콩은 인구도 많고 인종도 다양하다. 그중 대다수는 광둥어를 쓰는 사람들로 광둥성이라는 거대한 이웃 지역에서 온 사업가 자질이 있는 사람들이다. 그들은 다양한 요리도 함께 가져왔는데, 유럽에서 프랑스 요리를 최고로 치듯이 광둥 요리 역시 '중국에서 최고'라는 이야기를 듣는다. 그들의 스타일은 품위 있고 진지한 북부 사람들에 비해 개방적이고 외향적이다. 음식점과 쇼핑몰은 가족들과 친구 무리로 넘쳐난다. 그들은 끊임없이 이야기를 나누며 흥정의 기회를 놓치지 않는다. 흔치 않은 일이지만 홍콩 사람이 잠깐이나마 혼자 있게 되면 그들은 각자의 휴대전화를 들고 통화에 몰두할 것이다. 그들에게 침묵은 그다지 선호하는 옵션이 아니다.

세계 각지에서 온 정착민들도 광둥인들의 스타일을 받아들여 비즈니스로 번창하게 되었다. 홍콩의 달력을 보면 세계 어느 곳보다 휴일이 많으며, 홍콩인들은 대부분의 휴일을 친구와 함께 거리나 공원에서 간단한 식사를 하고 즐기면서 보낸다.

이 가이드북을 통해 홍콩이라는 곳의 생기 넘치는 생활 방식과 다면적인 사회상을 빠르게 체험할 수 있을 것이다. 비즈니스나 관련 회의에 대해서, 혹은 사회적인 에티켓에 대해서 유익한 조언을 얻을 수도 있다. 이 책을 통해 단순히 관찰하는 데서 벗어나 직접 참여할 수 있는 자신감도 얻게 될 것이라고 생각한다. 여행 기간이 아무리 짧더라도 여러분은 홍콩인들의 공동체 생활에 직접 참여할 수 있다. 하지만 그들의 사생활은 별개의 문제다. 아웃사이더가 공유할 수 있는 것도 있겠지만, 인사이더가 되는 것이야말로 진정한 특권이 아니겠는가. 이 책을 통해 여러분이 홍콩인들의 내밀한 속내에 가까이 다가갈 수 있는 지침을 몇 가지라도 배울 수 있기를 바란다.

공식 명칭	중화인민공화국 홍콩특별행정구	광둥어 이름: 흥공 북경어 이름: 샹강
주요 구	18개 구로 이루어져 있으며, 가장 많이 알려진 곳은 홍콩섬의 중시구와 완차이구, 주룽(카오룽)의 야침몽구, 주룽청구, 삼수이포구, 신제의 추엔완구다.	
면적	1,066.53㎢	
지형	야트막한 산이 많으며 200개 이상의 바위섬과 자연항구가 있다.	
기후	열대 계절풍 기후. 봄에는 따뜻하고 비가 많이 오며, 여름에는 덥고 습하며, 가을에는 따뜻하고 화창하며, 겨울에는 시원하고 건조하다.	
인구	740만 명 이하	인구밀도가 ㎢당 6,800명으로 세계 최고 수준
민족 구성	광둥어 사용 중국인 92%, 그 외 8%	
평균 연령	43.6세	
기대 수명	84세	
성인 식자율	92%	
언어	문자언어: 한문과 영어(공식) 음성언어: 광둥어(공식), 북경어, 약간의 영어(공식)	
종교	공식 종교는 없음(도교, 불교, 기독교 10%, 이슬람교 1%)	
정부	중국의 특별행정구, 제한된 민주주의	홍콩 정부의 최고 책임자는 행정수반
헌법	홍콩은 미니 헌법에 해당하는 홍콩기본법이 있음	사법 체계는 미국보통법에 기반함
1인당 GDP	3만 6,000달러(미국달러)	
통화	홍콩달러, 1달러(미국달러당 7.8홍콩달러에 고정됨)는 100센트	지폐: HK $1,000, $500, $100, $50, $20, $10 동전: HK $10, $5, $2, $1, 50¢, 20¢, 10¢
매체	국영방송국 RTHK에서는 광둥어, 북경어, 영어로 뉴스와 공적 정보 프로그램을 제작한다. 라디오 채널은 9개가 있으며 무료 수신 방송용 TV 방송국은 TVB, RTHK, HKTVE가 있다. TV 채널은 10개가 있으며 BBC, 블룸버그, CNN, 넷플릭스 등의 케이블 TV도 시청 가능하다.	
언론 매체	가장 영향력 있는 한자 신문으로는 〈밍파오〉, 〈애플데일리〉, 〈오리엔탈데일리〉가 있다. 영자 신문으로는 〈사우스차이나모닝포스트〉, 〈더스탠더드〉가 있다.	
전압	220V, 50Hz	3발 플러그 사용. 100V 기기는 변압기 필요
인터넷 도메인	.hk	정부가 허가하고 관리하는 회사에서만 쓸 수 있음
전화	국가번호 852	비상전화 999
시간	GMT+8시간	

01

영토와 국민

홍콩 영토는 하나의 반도와 200개가 넘는 섬들로 이루어져 있는데, 대부분의 섬들은 조그만 바위섬에 불과하다. 영토의 중심인 홍콩섬은 항구 건너편 주룽반도와 마주하고 있다. 공항은 란타우섬에 위치하며, 이 섬이 홍콩에 있는 섬 중 가장 크다. 전체 영토는 바다를 포함해 1,066.53km²에 불과하지만 이 좁은 지역에 740만여 명의 인구가 살고 있다.

지형

홍콩 영토는 하나의 반도와 200개가 넘는 섬들로 이루어져 있는데, 대부분의 섬들은 조그만 바위섬에 불과하다. 홍콩은 광저우시에서부터 광둥 지역을 통과해 흐르는 주강 어귀에 위치해 있다. 영토의 중심인 홍콩섬은 항구 건너편 주룽반도와 마주하고 있다. 공항은 새롭게 대규모로 개발되고 있는 란타우섬에 위치하며, 이 섬이 홍콩에 있는 섬 중 가장 크다. 건축용지 부족에 시달리고 있는 홍콩 정부는 수년에 걸쳐 막대한 규모의 해안가를 간척하고 있으며, 그로 인해 항구는 50년 전에 비해 눈에 띄게 좁아졌다.

전체 영토는 바다를 포함해 1,066.53km²에 불과하지만 이 좁은 지역에 740만여 명의 인구가 살고 있다. 그중 세계적으로 인구 밀도가 높은 지역에는 다닥다닥 붙은 고층건물이 즐비하다. 말로만 들으면 그다지 보기 좋지 않을 것 같지만, 사실 홍콩은 현대 도시 중 가장 아름다운 곳 중 하나로 꼽힌다. 도심 앞으로는 시끌벅적하고 큰 항구가 극적으로 펼쳐져 있고, 뒤쪽에는 가파른 산이 있어 하늘 높이 치솟은 마천루의 든든한 배경이 되어준다.

홍콩의 주요 도시는 홍콩섬에 있는 빅토리아로, 이곳은 아주 오래된 식민지 정착지다. 19세기부터 여기에는 성당, 총독 거주지, 관공서, 은행 본사가 있었다. 지금도 주요 빌딩들이 홍

콩 항구의 북쪽 해안을 따라 길게 늘어서 있으며 뒤로 보이는 오래된 마을, 교외 주택지와 조화를 이루고 있다. 센트럴(현대 비즈니스 중심지) 뒤로는 홍콩섬에서 가장 높은 피크가 솟아 있는데, 위태로울 정도로 좁다란 마천루 사이로 피크의 가파른 능선이 눈에 들어온다. 빅토리아피크는 도시 전체가 다 보일 정도로 광범위한 전망을 자랑한다. 항구는 물론 홍콩과 이웃한 광둥 지역을 구분하는 나지막한 산까지 다 살펴볼 수 있다.

홍콩섬 반대편에는 해안가를 따라 주룽 지역이 펼쳐져 있다. 상대적으로 덜 발달했던 이곳은 이제 상업의 중심지가 되었으며 대규모 주거지가 조성되어 있다. 예전에는 우중충한 소규모 제조 공장들이 많았지만, 지난 20년 동안 대다수 공장이 중국 본토로 이동했다. 그 후로는 독특한 상상력을 자랑하는 공원, 쇼핑몰, 종합 위락 시설 등이 들어서고 있다.

주룽반도에는 여섯 개의 큰 도시가 있는데, 이들은 1970년대 말 처음 만들어졌을 때부터 '뉴타운'이라고 불렸다. 뉴타운은 신제 지역에 속해있으며, 예전에 비하면 눈에 띄게 성장했지만 훨씬 복잡한 다른 도시들과 비교하면 여전히 지역적인 특색을 유지하고 있다. 쇼핑센터와 공업 지구도 있지만 대체로 주거 지역으로 사용되고 있다.

·

홍콩 방문자들은 지구상에서 가장 바쁘고 시끄러운 도시가 광활한 산과 바다와 한데 있는 것을 보고 놀라곤 한다. 한적한 곳에 가면 몇 시간을 걸어도 사람을 한 명도 만나지 못할 수도 있다. 모래 해변과 외진 삼림 지대에 가면 시선을 돌리는 곳마다 기막힌 풍경이 펼쳐진다. 외딴 섬에 가면 상대적으로 조용한 시골 분위기를 느낄 수 있다. 홍콩은 토지의 40%를 공원이나 자연 보호 구역으로 지정해놓았다. 이런 곳에는 국가 계획상 새 건물을 지을 수 없도록 되어 있는데, 그럼에도 몇몇 침해 사건이 일어나기도 했다.

대체로 아열대 식물이 자라고 완만한 경사지는 낮은 관목

덤불이나 키 작은 나무로 덮여 있다. 오래된 소나무가 군데군데 있기는 하지만 가끔씩 찾아오는 태풍에 키 큰 소나무들이 재해를 입기도 한다. 최근 몇 년 동안 정부는 보존과 안전에 대한 압력을 피하기 위해 국민들의 항의에도 불구하고 일부러 소나무를 베어내기도 했다. 꽃식물이나 관목이 굉장히 잘 자라기 때문에 홍콩의 공원은 언제나 다채로운 색으로 가득하다.

기후

홍콩 기후는 열대 계절풍 기후로 분류된다. 1월부터 4월까지는 날씨가 선선하지만 큰 비가 여러 차례 내리고 나면 급속도로 더워진다. 여름은 뜨겁고 습하다. 습도가 상당해서 시원한 지역에서 온 사람들에게는 견디기 힘들 정도다. 몇몇 지역은 모기 때문에 성가실 수도 있다. 대부분의 건물과 대중교통에는 에어컨이 설치되어 있는데, 종종 지나칠 때도 있지만 사람들이 붐비는 곳에서는 꽤나 요긴하다. 가을이 오면 날씨는 점점 시원해지고 건조해진다. 10월, 11월, 12월이 낮에는 맑고 화창하며 밤에는 시원해서 가장 좋다.

평균 기온		
	최고	최저
1월	18℃	14℃
2월	17℃	13℃
3월	22℃	17℃
4월	25℃	21℃
5월	28℃	24℃
6월	30℃	26℃
7월	32℃	27℃
8월	31℃	27℃
9월	30℃	26℃
10월	28℃	24℃
11월	24℃	20℃
12월	20℃	15℃

【 태풍 】

태풍을 말하는 단어 '타이푼'은 광둥어 '따이펑'에서 유래되었으며, '큰 바람'이라는 뜻을 가지고 있다. 이는 일반적으로 열대 폭풍우나 사이클론을 뜻하며 홍콩 기상청이 관리하는 등급에 따라 풍속이 최고로 심할 때만 공식적으로 허리케인이 된다. 홍콩에도 종종 태풍 경보가 내려지는데 직격탄을 맞는 경우는 2년에 한 번 꼴로 드물다. 태풍의 세기에 따라 태풍 경보의 단계가 나눠진다. 1단계에서 3단계(T1-T3)는 큰 의미가 없지만 바로 다음 단계인 8단계(T8) 경보가 떨어지면 심각한 강풍을 피하기 위해 학교나 직장에 갔던 사람들이 모두 집으로 돌아가야 한다. 주차된 차를 움직이거나 보행자를 날려버릴 정도로 강한 바람이 불기 때문이다. 그 다음 9단계(T9)는 강풍이 점점 심해질 조짐을 보이는 단계이며, 10단계(T10)는 허리케인을 뜻하며 발령되는 경우가 극히 드물다. 태풍이 오면 바다가 몹시 거칠어진다. (T8이나 폭우 경보 중 흑색 경보가 발령되면 연락선 운항이 금지된다.) 경보 문구는 공공건물 로비에 게시되지만, 대부분의 사람들은 TV나 라디오, 스마트 기기 앱의 알림을 통해 정보를 얻는다.

홍콩의 사람들

【 광둥인 】

홍콩 인구의 대부분은 광둥인이며, 이 명칭은 광둥 지역에서 유래했다. 광둥인은 12개쯤 되는 중국의 주요 인종 집단, 언어학상 집단 중 하나다. 또한 가장 우세한 민족 집단(중국 국기의 별 5개 중에 가장 큰 별을 상징하는)인 한족에 속한다. 종종 광둥인을 분데이 또는 푼티로 부르는 걸 볼 수 있는데, 이는 문자 그대로 '현지인'을 뜻한다.

광둥인은 중국의 중부와 북동부에 사는 한족에 비해 대개 키가 작고 피부도 검다.

광둥인은 수완이 좋고 비즈니스 센스가 있는 것으로 동포들 사이에 평판이 나 있다. 지난 50년 동안 홍콩에서 큰 성공을 이룬 덕분에 전 세계적으로도 명성을 얻었다. 광둥인은 상하이인들과 함께 중국 비즈니스를 좌지우지하고 있다.

북부 중국인들은 광둥인을 지적이지 못하고, 시끄러우며, 공공장소에서 지나치게 흥분한다고 생각한다. 확실히 홍콩 음식점에 들어가면 극도로 시끄러운 소음, 활기 넘치는 얼굴, 친구나 가족과 함께 모여서 큰 소리로 대화하는 광둥인들을 볼 수 있다. 중국인들은 그 속을 알기 어렵다고들 하는데 도대체 그게 어쩌다 나온 말인지 궁금해질 정도다.

광둥인들은 '음식뿐만 아니라 무엇이든 가리지 않고 먹을 수 있다'는 말이 생겼을 정도로 중국 내에서도 다양한 식재료를 사용하는 것으로 유명하다. 홍콩의 역사 때문에, 당신이 다른 나라, 특히 영국 연방이나 미국에서 만나는 중국인 중 대다수는 광둥인일 가능성이 높다.

【 하카 】

하카는 홍콩에서 눈에 띄는 소수민족은 아니지만, 분명히 광둥인과 혈통이 다른 민족이다. 최근까지 광둥인보다 더 가난한 농민 집단으로 여겨졌으며, 때로는 집시로 불리기도 했다. 그들은 몽골과 만주의 침략, 소수민족에 대한 압박 등 다양한 이유로 중국 중부에서 남부로 도망치듯 이주해온 사람들이다.

'하카'라는 용어는 원래 특정 지역에 사는 민족을 지칭하는 말이 아니라, 원래 그 지역에 살고 있는 원주민과 대비되는, 자신의 고향을 떠나온 '손님' 신분을 나타낸다. 이들은 이후에 '아시아의 보물'이라는 별명을 얻었는데, 이는 이들의 집단 이주와 개척 정신을 반영한 것이었다. 하카는 중국 역사에서 영웅적인 면모를 보이기도 했다. 송나라 왕가가 몽골을 피해 광둥으로 피난을 갈 때 호위를 맡고 몽골 군대와의 전투에서 용맹하게 싸우다 죽음을 맞은 것으로 알려져 있다. 해외 거주 중국인 중에도 많은 하카인이 있으며 타이완에는 300만 명 정도가 있는 것으로 추정된다.

【그외】

중국 북부 지역 출신과 상하이인을 제외하고 인구의 8% 정도
는 외국인이다. 특히 (해안가와 가까운 곳에서 와서 때로는 광둥인으로 정
의되기도 하는) 치우차우는 일을 열심히 하고 진한 우롱차를 즐
겨먹는 사람들로 알려져 있다.

　많은 전문 직종이나 비즈니스 현장에서 전 세계에서 온 외
국인들을 만날 수 있으며 그 수는 50만 명에 이른다. 한 국제
중학교의 경우 학생들의 출신 인종 집단이 무려 80개가 넘는
것으로 나타났다.

　가장 중요한 소수 집단은 인도 아대륙에서 온 이들이다. 이
지역 출신 젊은이들은 유창한 광둥어를 구사하며 서양인들에
비해 더 잘 융화되고 있지만, 피부색 때문에 중국인으로부터
인종 차별을 겪기도 한다. 인도인은 아대륙으로부터의 수입업
이나 홍콩 내에서의 영업 등 비즈니스적인 면에서 광둥인들과
경쟁 상대다. 성공한 인도 사업가 대부분이 현재 파키스탄에
해당하는 신드 지역에서 온 힌두교인이다. 독립 이후에 힌두교
도들이 주로 뭄바이(봄베이) 그리고 세계 각지로 이주했기 때문
이다. 신드인들은 성이 주로 '-아니'라는 발음으로 끝나기 때
문에 알아보기 쉽다. 그들은 주로 의류와 섬유를 수출, 수입한

다. 신드인들은 전 세계에 널리 퍼져 있으며 그들끼리 서로 결혼해 그 어느 때보다 큰 비즈니스 네트워크를 구축하고 있다.

시크교도들도 있다. 이들 중 대다수는 영국 정책의 일환으로 홍콩에 온 사람들의 후손이다. 이들은 수염이 텁수룩하고 체격이 좋은 시크교도가 무서운 표정을 한 채 상대적으로 작고 수염도 없는 광둥인들 사이에 있으면 광둥인들이 공포감을 느낄 수 있다는 걸 알고 있다. 조상이 상인이나 경찰이었던 파키스탄인도 있다. 지난 10~20년 동안 인도 아대륙에서 홍콩으로 이주한 사람들은 교육자나 의사 등 전문직 종사자가 많다.

필리핀인, 말레이시아인, 태국인 노동자 역시 독특한 존재라고 할 수 있다. 이곳 출신 여성들은 중국인이나 다른 외국인 가정에 '가정부'로 인기가 있다. 최근에는 음식점이나 술집에 고용되는 네팔인들의 수가 늘어나고 있는 추세다.

언어

홍콩의 공식 음성언어는 광둥어이며 문자언어는 한문과 영어다. 북경어나 '표준 언어'라는 뜻의 보통화(광둥어로 푸통화)도 널리 쓰인다. 홍콩의 문자언어는 전통적인 한자인데, 정작 중국 본토에서는 간체자가 표준이 되었다.

한문은 표음문자가 아니다. 각각의 글자가 단어를 뜻하며 의미를 가지고 있다. 그렇다고 모든 한자가 반드시 상형문자인 것도 아니다. 다른 지역 방언을 쓰는 사람에게 어떤 단어를 설명하기 위해 손바닥에 손가락으로 한자를 적어 보여주는 사람들을 종종 발견할 수 있을 것이다. 중국처럼 거대한 나라에서는 공통된 문자를 갖는 것이 무척 중요하며, 국민들을 통합하는 데 있어 다른 문화적 요소보다 훨씬 유용하다. 홍콩 사람들은 일반적으로 간체자를 이해할 수 있지만, 중국 본토에서 온 사람들 중에는 전통적인 한자를 읽을 줄 모르는 사람도 있다. 타이완 역시 전통 한자를 사용한다. 싱가포르와 말레이시아는 간체자를 쓰기는 하지만 본토와는 좀 다르다.

음성언어는 문자언어보다 훨씬 더 다양하다. 베이징 지역에서 통용되는 북경어는 중국의 공식 음성언어이며, 광둥어는 광둥 지역 부근과 홍콩에서 통용되는 언어다. 둘의 차이를 예로 들면 '베이징'은 북경어식 발음이고 '북징'은 광둥어식 발음이다. 광둥어는 보통 초등학교, 신문, 문학 작품 등에 사용되는 공식적인 형태가 따로 있기도 하다. 이런 형태의 광둥어는 북경어 체계와 더 유사하지만 일반적으로 실제 대화(또는 영화나 텔레비전)에서는 사용되지 않는다. 실제로 홍콩 사람들이 사용하는 대부분의 광둥어 문장은 구어 형태로만 발전했기 때문에 글로 옮겨 적을 수가 없다. 속어나 후두음의 광범위한 사용 외에도 구어라는 특성 때문에 북경어보다 광둥어를 배우는 게 훨씬 더 어렵다.

【 광둥어 】

당나라(618~906년)의 구어체 중국어는 북경어보다 광둥어에 더 가까웠다는 증거가 있다. 역사상 당나라는 반복적으로 북으로부터 공격을 당했고, 그로 인해 패배한 지도자들이 광둥 지역까지 후퇴했기 때문이다. 중국 전통시는 광둥어로 읽었을 때 그 의미에 가장 가까워진다. 그러나 이를 광둥인들이 더 문학을 사랑했다거나 똑똑했다는 의미로 해석해서는 안 된다. 사실상 광둥인, 특히 홍콩에 사는 광둥인들은 '소작농'으로 유명했으며, 이는 북쪽이나 동쪽에 살던 중국인과 비교해서 지적인 접근보다 물질적인 접근을 했을 가능성이 크다는 것을 의미하기 때문이다.

홍콩 인구의 98%에 해당하는 사람들이 광둥어를 모국어로 쓴다. 1970년대부터 인기를 끌었던 유명 영화들, 특히 쿵푸 영화 대부분이 광둥어를 사용했으며 광둥팝이라는 고유의 음악도 가지고 있다. 광둥어는 성조 언어이기 때문에 말할 때 사용하는 성조, 억양은 당신의 기분이나 문장에서 당신이 강조하고 싶은 내용에 따라 달라지는 것이 아니라 단어에 따라 달라진다. 광둥어는 다른 어떤 중국 언어보다 성조가 풍부하기 때문에 외국인이 배우기 특히 더 어렵다.

【 다른 중국어 방언 】

북경어와 광둥어 외에 다른 중국어 방언도 쓰이는데, 특히 1950년대 상하이에서 온 많은 이민자의 언어에 주목할 필요가 있다. 상하이어에는 다른 중국 방언에서는 발견할 수 없는 소리가 몇 가지 있기 때문에 들어보면 광둥어와 다르다는 걸 느낄 수 있다. 게다가 상하이어에서만 쓰는 단어나 문장도 있다. 푸젠성 지방의 타이완어와 호키엔어 역시 들을 수 있다. 광둥어와 마찬가지로 이들 언어는 북경어 같은 공식 언어보다 훨씬 풍부하고 화려한 경향이 있다.

비중국인들 혹은 중국인과 다른 집단의 비즈니스 자리에서는 영어를 선호한다. 이중 언어 계약에 대한 논쟁이 생기면 일반적으로 영어가 사용된다. 홍콩에 사는 상당수의 인도 인구가 대부분 신드 지역 출신이다. 이들은 집에서는 신드어를 사용하지만 영어가 유창하고 학교에서도 영어를 사용한다. 홍콩에는 한국이나 일본 사업가도 많이 살고 있으며, 한국국제학교를 비롯하여 일본국제학교, 프랑스국제학교, 독일·스위스국제학교 등 다양한 국제학교가 있다.

【 이중 언어 사회? 】

홍콩이 이상적인 이중 언어 사회라고 생각할 수도 있다. 거리의 간판이나 관공서 서식은 영어와 중국어로 되어 있고, 두 언어 모두 쉽게 찾아볼 수 있다. 얼핏 두 언어가 모두 광범위하게 사용되는 것 같지만, 사실상 두 개의 단일 언어 문화가 각각 존재하고 있다고 해도 과언이 아니다. 중국인은 영어를 할 필요가 없고, 그 반대의 경우도 마찬가지다. 홍콩 방문객들은 종종 홍콩 사람들의 영어를 다른 중국 사람의 영어와 비교해 비판적으로 본다. 언어가 널리 사용되려면 유용해야 하지만, 대부분의 홍콩인들에게는 영어의 유용함이 미미하기 때문이다. 마찬가지로 홍콩에 온 이주민 중에서 자기 집 주소나 기본적인 회화 표현 외에 광둥어를 배우는 사람 역시 극히 드물다.

간추린 역사

홍콩은 초기 중국 역사에서 존재감 있게 등장한 적이 한 번도 없다. 그저 농업과 어업을 병행하는 작은 마을들이 존재하고 있을 뿐이었다. 신제의 캄틴에는 성벽으로 둘러싸인 네모난 모양의 전형적인 광둥 지역의 마을이 아직도 남아 있다. 물이 깊고 보호도 잘 되는 홍콩의 뛰어난 항구 역시 19세기가 되어서야 영국에 의해 발견되었다. 광둥어로 흥공이라는 지명은 '향기로운 항구'를 의미하는데, 이는 당시 홍콩에서 수출하던 향나무의 향기 때문에 붙여진 이름이다.

아편전쟁 이후 중국은 영국에 홍콩을 할양했다. 영국은 아편전쟁이 끝나자 임시 조약인 천비조약(1841년)과 수정된 난징조약(1842년)에 따라 홍콩을 식민지화했다.

【 아편전쟁 】

19세기 중반 중국과 영국(두 번째 전쟁 때는 영국과 프랑스가 연합)은 두 차례 아편전쟁을 벌였다. 이는 아편보다는 중국의 문호를 개방시켜 보다 대등한 교역을 하고자 한 목적과 관련된 전쟁이었다. 청나라 황제는 백성들이 어떤 물건도 수입하지 못하게 막았다. 하지만 유럽인에게 중국의 도자기와 차는 인기가 높았고 결과적으로 무역에 불균형이 초래되었다. 마약의 일종인 아편은 이미 중국에서 사용되던 것이었지만, 영국은 식민지인 인도에서 재배한 엄청난 양의 아편을 중국에 들임으로써 중국의 아편 시장을 키워버렸다. 아편은 대영제국에서 교역하던 물품 중 가장 수익성이 좋았다. 중국 정부는 아편의 수입과 소비를 근절시키기 위해 노력했고 1837년 고위 관리를 주요 수입지였던 광둥에 보냈다. 아편 가게들이 불에 타는 사건이 발생하자, 영국은 이를 명분으로 삼아 자유 무역을 요구하는 전쟁을 벌였다. 두 차례의 전쟁은 1839~1842년, 1858~1860년까지 이어졌다.

중국은 서구의 현대적인 전쟁 장비를 과대평가한 결과, 새롭게 지정된 '조약항'에서 외국 상인들에게 특혜를 주는 (지금은 '불평등 조약'이라고 부르는) 굴욕적인 조약을 체결했다. 이 조약은 당연히 중국에서 심한 반발을 불러일으켰고, 그 때문에 홍콩의 독립에 대한 권리는 중국 정부에 의해 항상 차단되었다. 물론 중국 입장에서는 대부분의 조약이 불평등했지만 지나고 나서 보니 중국 역사학자들조차도 이 조약 덕분에 중국이 근대화된 세계에 개방되었고 그로 인해 중국 국민들에게

도 유익했다는 것을 깨닫게 되었다. 그렇다고 해서 이 사실이 홍콩과 다른 조약항의 존재에 대한 중국의 분개를 줄이지는 못했다.

【 척박한 섬 】

영국의 입장에서 홍콩은 1차 아편전쟁을 치르고 얻은 소중한 상이 아니었다. 영국의 외무장관인 파머스톤은 홍콩을 '제대로 된 집 한 채 없는 황폐한 섬'이라고 말했고, 조약의 약점과 홍콩의 무용성을 지적하며 전쟁을 치르면서 기껏 쓸모없는 땅을 얻은 찰스 엘리엇을 파면했다.

당시 중국 내 유일한 유럽인 마을은 포르투갈령인 마카오에 있었고, 마카오는 광둥(광저우)을 통해 중국과 무역할 수 있는 남해안의 유일한 도시였다. 포르투갈은 15세기부터 마카오를 항구로 발전시켰지만 바다가 워낙 얕은 탓에 인도의 고아나 말레이시아의 말라카 같은 다른 식민지와 마카오를 연계할 수단을 찾지 못하고 있었는데, 홍콩이 그 중요한 역할을 대신하며 새로운 항구로 급부상하게 되었다. 홍콩이 영국에 할양되고 20여 년이 지난 1860년, 영국 식민청의 장관은 "식민지화 기술의 또 다른 실례…… 그리고 성공이란 현재 시스템의 유연성 또는 시스템의 결핍을 보여주는 것과 같다"고 선언했다. 같은 해, 2차 아편전쟁 후에 체결한 베이징조약에 의해 '오랫동안 중립의 땅으로 여겨졌던' 주룽(총독 데이비스) 지역과 그에 인접한 스톤커터스섬까지 홍콩에 귀속되었다.

1898년에는 주룽 지역 너머 작은 섬들까지 홍콩에 넘어갔다. 영국은 신제라고 부르던 이 지역이 있어야만 홍콩 항구와 주강 입구를 침략으로부터 보호할 수 있었기 때문이다. 그리고 마찬가지로 베이징조약에 의해 99년 동안만 홍콩을 영국에 할양하게 되었고 이로 인해 1997년 엄청난 반향을 불러일으키게 되었다.

【 대영제국과 식민지 】

대영제국은 16~17세기부터 세계 각지에 식민지를 건설하기 시작했다. 당시 영국은 특히 북아메리카와의 무역과 이민을 권장하기 위해 전통적으로 강한 해군력을 이용했다. 한편 가장 부유하고 큰 식민지인 인도는 동인도회사에 의해 운영되었지만, 18~19세기에 들어서는 영국 정부의 직접적인 통제를 받는 항구와 땅이 점차 늘었다. 다른 유럽 국가, 특히 프랑스가 설탕을 생산하는 서인도제도의 섬들을 차지하기 위해 영국과 전투를 벌이기도 했으나 실패했다. 제국의 권세가 절정에 이르렀던 19세기와 20세기 초에 영국은 가장 주요한 식민지 지배 세력이었기 때문이다. 영국의 식민지는 런던에서 지명된 총독에 의해 통치되었다. 총독은 처음에는 군사 경험이 많은 사람이 맡았으나 점차 식민청 관리 경험이 있는 민간인 출신의 간부가 맡게 되었다. 이 관리인들은 매우 경쟁적인 시험을 통과해야만 했고, 3~5년 동안 식민지에 배치되었다. 흥미롭게도 시험을 통해 승진시키는 이런 능력을 중시하는 시스템은 중국의 행정시스템에서 도입한 것으로 영국이 굉장히 흡족해했다.

그 자체로 인도 제국이라 칭했던 인도는 공무원에 의해 따로 통치되었다. 20세기에 들어서자 공무원 중 인도 원주민 비율이 점점 늘어났고, 1947년 영국으로부터 독립한 이후에도 이 공무원들이 인도 통치 세력의 주축이 되었다. 그 후 대영제국이 해체되고 다른 식민지들의 독립이 잇따랐다. 오로지 홍콩만 완전한 독립을 이루지 못한 유일한 식민지로 남았다.

【 정무사 】

홍콩은 영국의 식민 통치를 따랐다. 한자와 광둥어를 공부한 전문가들이 '장교'라는 이름으로 임명되어 홍콩을 통치했다. 장교들은 최소 한 번은 다른 식민지로 파견을 갈 수 있을 뿐만 아니라, 홍콩에 있으면서 네다섯 번의 승진을 할 수도 있었다. 처음에는 현지 중국인만 정무사에서 일할 수 있었으나 나중에는 다른 지역의 중국인까지 일할 수 있게 되었고, 1997년에는 과반수에 달하는 400명이 중국인이었다.

국외에서 온 행정 장교 중 절반은 1997년 홍콩을 떠났지만 정무사는 여전히 홍콩 정부의 근본적인 중추로 남았다. 매우 어려운 시험과 인터뷰, 그룹 테스트를 거쳐야 하는 30개의 공직에 매년 3,000명의 대학 졸업자들이 지원한다. 정부의 식민 체제 시스템이 중국의 공산주의 정권하에서도 유례없이 이어지고 있는 것이다.

1898년 무렵, 홍콩은 아시아에서 가장 중요한 항구이자 대영제국의 가장 성공한 식민지 중 하나가 되었다. 당시 홍콩과 광둥 지방에서는 호주, 미국, 동남아시아의 해협식민지(현재의 말레이시아)로 꽤 많은 수가 이주했다. 그렇다 보니 이민자의 채용과 파견이 19세기에 식민지 정무사에서 가장 활발하게 일어났던 활동 중 하나가 되었다.

　　홍콩은 다양한 변화를 겪으며 중국의 수출입항으로 성장했다. 하지만 동쪽 해안의 중앙에 위치하여 지리적으로 더 나은 상하이에 비하면 여전히 뒤처졌다. 상하이는 해외에서 온 사업가들이 이끄는 '국제 결제International Settlement' 정부와 식민청의 덜 엄격한 통제를 받고 있었다. 그래서 홍콩은 1949년 상하이

가 중국에 흡수되기 전까지는 줄곧 상하이에 비해 다소 조용한 중심지였다. 그러나 홍콩은 사회적, 경제적으로 꾸준히 성장했다. 런던 선교회나 모리슨 교육협회 같은 선교회들은 교육을 발전시켰다. 선교회는 정부 구성원의 자제들에게 적절한 교육을 제공할 뿐만 아니라, 자딘 매디슨과 존 스와이어 등의 회사가 벌리는 상당한 규모의 사업에서 중간 관리자층의 결함을 보완하는 중요한 역할도 했다.

【 식민지 총독 】

홍콩은 식민지 총독에 의해 150년간 통치되었다. 많은 사람이 말레이반도, 서인도제도, 실론섬 같은 다른 식민지에서 총독 경험을 갖춘 사람들이었다. 그중에서도 눈에 띄는 이들을 몇 명 소개하겠다.

존 포프 헤네시 경(1877~1882년)은 파란만장한 아일랜드 총독이었으며 자유로운 생각과 급한 성미로 유명했다. 그는 지적인 사람이었으며, 친중국 성향이라 중국인을 정치계에 많이 등용하여 영국인들 사이에서는 인기가 좋지 않았다.

머레이 맥클레호스 경(1971~1982년)은 홍콩이 가장 발전하고 확장되던 시기에 총독을 맡았다. 그의 전 정권은 부패, 특히 경찰의 부패로 악명이 높았기에, 그는 1974년 반부패 기구인 염정공서(ICAC)를 설립했다. 염정공서는 광범위한 권력을 가진 기구로, 분수에 넘치는 생활을 하는 것처럼 보이는 부패 공직자라면 누구나 수사할 수 있는 권한을 가지고 있었다. 이 기구 덕분에 홍콩은 세계에서 가장 부패지수가 낮은 나라 중 하나가 되었으며, 다른 나라들에도 좋은 본보기가 되었다. 그는 열성적인 환경 운동가이기도 해서 신제에 100km에 달하는 산책로를 만들고 자신의 이름을 따서 맥클레호스라는 이름을 붙이기도 했다. 맥클레호스는 중국 본토 정부의 통치를 받게 될 미래의 홍콩에 대한 대화를 시작하며, 중국 반환을 위한 준비의 기틀을 마련했다.

크리스 패튼(1992~1997년)은 열렬한 민주주의 옹호자여서, 반환 직전 5년 동안 중국 정부와 충돌이 끊이지 않았다. 하지만 그의 민주주의적 스타일 때문에 홍콩인들에게는 사랑을 받았으며, 공공장소에서 가족들과 함께 있는 모습이 종종 목격되곤 했다.

그러나 중국인들과 홍콩 거주 외국인들 간에는 확실한 간극이 있었는데, 다음 발언을 통해 확인할 수 있다. "부끄럽다고 할 수는 없을지라도 놀랍기는 하다. 55년이 넘는 기간 동안 영국의 통치를 받았음에도 홍콩의 중국인 대다수는 아직도 영국식으로 바뀐 부분이 거의 없으니 말이다(허큘리스 로빈슨 총독, 1895년)." 한편 비영국화의 일부는 외국인들의 요구에 따라 의도적으로 진행되기도 했다. 유럽식 주택과 중국식 주택이라는 서로 다른 주택 유형을 통해 중국인과 외국인의 생활 반경이 분리되도록 법으로 정해 놓았기 때문이다. 일례로 홍콩섬의 중앙에 있는 빅토리아피크에는 유럽식 주택만 지어졌고 아직도 유럽식이 주를 이루고 있다.

몇몇 차별은 인종적인 문제 때문이 아니라 질병의 확산에 대한 의학적인 우려 때문에 벌어지기도 했다. 과거에도 말라리아와 다른 열병이 흔했지만, 오늘날에도 수많은 세계적인 유행병이 사람과 가축이 매우 인접해서 살고 있는 중국 남부에서 시작되는 경우가 많기 때문이다.

일반적으로 홍콩은 민주적이지는 않았지만 상당히 잘 통치되었다. 다만 홍콩 정부를 좌절시키는 문제도 있었다. 바로 사이비 종교 같은 규칙을 가진 조직화된 범죄 집단, 삼합회가 오늘날에도 존재한다는 사실이다.

【 삼합회 】

삼합회는 세계에서 가장 큰 범죄 집단이다. 그 기원은 13세기 몽골의 중국 침략과 정복으로 거슬러 올라가는데, 명나라 때 한족이 권력을 되찾을 때까지 오래도록 버티고 있던 지하 권력이라고 할 수 있다. 삼합회는 그들만의 언어를 만들어 암호화된 의사소통을 했고, 종교적인 의식을 만들기도 했으며, 주로 불법 도박이나 매춘 같은 범죄에 조직적으로 관여했다. 19세기 후반 삼합회 회원의 수는 1만 5,000여 명으로 추산되었다. 당시 회원을 늘리려는 삼합회의 시도는 영국 정부에 의해 무산되었다. 1950년대에 들어서자 삼합회는 불법 이민에 발을 들였고, 새로운 주택 단지의 인테리어와 같은 다양한 사업에 관여했다. 그들은 협박과 위협을 무기로 삼아 일을 진행했는데, 더욱 위험스러운 사실은 경찰 중에도 삼합회와 연관 있는 사람이 있다는 것이다. 20세기 말에 들어서야 경찰은 겨우 삼합회의 흔적을 지워내려 애썼으며, 삼합회의 제거를 초기 공산주의 체제의 성공 중 하나로 삼았던 중국 본토에 반환되고 나서는 그 수가 대체적으로 감소했다.

【 민주주의의 딜레마 】

민주화 문제는 총독이 민주주의적이든 포프 헤네시처럼 친중
국적이든 상관없이 고전적인 딜레마였다.

그럼에도 덜 독재적인 정부를 위한 중국의 움직임 덕분에
홍콩은 본토에 비해서 상대적으로 진보적인 색을 띠게 되었다.
1899년, 헨리 블레이크 총독은 신제의 반환에 대해 "홍콩에
사는 중국인과 영국인을 공평하게 대하면 임대한 구역(신제) 주
민들도 대영제국의 관할권을 기쁘지는 않지만 침착하게 받아
들일 수 있으리라 본다"고 말한 바 있다. 사실 현지 지도자들
의 주도하에 물리적인 저항이 일어나기도 했다. 특히 타이포와
위엔롱 지역의 반항이 거셌는데, 그 지역민들은 중국인이라는
자부심이 강했고, 영국 식민지하의 불평등한 사회보다는 농업
사회에 더 만족했기 때문이다. 결국 신제 지역은 식민청의 가
벼운 통치를 받았고 군사적으로나 이주민 문제에 있어서나 완
충 지대로 사용되었기에, 1970년대까지 발전하지 못했다.

홍콩 중심부에 가까이 가면 구룡성채라는 오래된 논쟁거리
가 있다. 주룽반도 북쪽에 있는 이 마을은 원래 중국인(한족)들
의 행정적인 근거지로 사용되던 곳인데, 1898년 신제 지역이
영국에 추가로 할양된다는 내용의 조약을 체결할 때도 편입되

• 구룡성채 •

원래 군사 요새였던 성채는 영국에 할양된 후 신제에 살던 중국 소수민족들의 거주지가 되었다. 2차 세계대전 때 일본군에 의해 대폭 철거되었지만, 전쟁이 끝나고 중국에서 이민자들이 몰려듦에 따라 무단 점유자들이 늘었고, 결국 범죄자와 약물 중독자들의 피난처가 되고 말았다. 삼합회는 경찰의 집중 단속으로 세력이 줄게 된 1970년대 중반까지 구룡성채를 다스렸다.

1980년대가 되자 성채의 인구는 5만여 명에 달했으며, 법 집행이 전혀 되지 않음에도 불구하고 범죄율이 홍콩 평균보다 낮았다. 이곳은 홍콩에서 일하기 위해 필수적인 자격증을 가지고 있지 않은 의사들, 특히 접골사와 치과 의사 수백 명의 집이기도 했다. 구룡성채에 사는 많은 중국인이 이 의사들에게 의료 상담을 받았다.

1993년 위태로운 건물들이 모두 철거되었지만, 청룽의 영화 〈중안조〉를 통해 이곳의 황량한 내부 구조, 미로처럼 복잡하고 어두운 골목길을 확인할 수 있다. 현재 이곳은 구룡성채공원으로 변모했다. 청나라 정원을 본떠 설계한 이 공원의 중심에는 관청이라는 의미의 야멘이 있고, 여기에서는 사진 전시가 열린다.

지 못하고 애매한 위치로 남게 된다. 결국 이곳은 1980년대까지 영국의 통치를 받지 못했고 그동안 범죄자들의 악명 높은 은신처로 사용되었다.

【 20세기 초 】

아시아에서 러시아와 프랑스가 세력을 넓혀나가자, 영국 역시 국제적인 전략에 따라 신제를 손에 넣기 위해 압박을 가했다. 세계적인 긴장 상태는 1905년 러시아가 일본에 패하고, 같은 해 영국과 프랑스가 화친 조약을 맺을 때까지 계속되었다.

이때까지 중국은 홍콩에 상당한 영향을 끼치고 있었다. 홍콩은 중국 정부와 마찰을 빚고 싶지 않아서 1896년 청나라

에 저항하던 지도자 중 1명
을 추방하기에 이른다. 바
로 홍콩에서 의학을 공부했
던 쑨이셴이다. 쑨이셴이 추
방되자 그의 대의명분에 동
조하는 목소리가 커졌고, 이

후 진보적인 개혁가 캉유웨이에게 비슷한 사태가 벌어졌을 때
는 전혀 다른 방향으로 일이 진행되었다. 1900년 캉유웨이의
개혁이 백일천하로 끝나자 홍콩이 그에게 은신처를 제공한 것
이다. 1911년에는 쑨이셴이 이끈 개혁이 처음으로 성공을 이
루었지만 1928~1929년이 될 때까지 중국 전역을 아우르는 개
혁은 이뤄내지 못했다. 그리고 이때부터 일본이 홍콩의 동쪽
에서 위협적으로 세력을 키워나갔다. 일본은 1931년에는 만주,
1932년에는 상하이를 함락시켰다.

쑨이셴은 1923년 중국혁명정부의 대원수 자격으로 홍콩에
돌아와 대학교에서 연설을 했다. 그는 홍콩과 영국의 식민주
의에 감사를 표했다. "이후(홍콩에서 의학 공부를 한 이후) 나는 바
깥세상을 보게 되었습니다. 그리고 저 영국인들이 어떻게 그런
일들을 해낼 수 있었는지 궁금해졌습니다. 황량한 바위섬 홍

콩에서 말이죠."

　홍콩은 영국의 쇠퇴와 자유 무역 정책 때문에 1차 세계대전과 2차 세계대전 사이의 전간기 동안 힘든 시간을 보냈다. 1931년 영국은 경제 상황 때문에 금본위제를 포기했고, 대영제국 내 특혜 관세와 보호무역 정책을 꺼내들었다. 홍콩은 생산자이기보다는 중국 안팎에서 활동하는 자유무역업자에 더 가까웠기 때문에 이 상황이 홍콩에는 불리했다.

【 일본의 점령 】

1930년대에 벌어진 일본의 세력 확장은 중국과 홍콩에 모두 가장 큰 걱정거리였다. 1939년 일본이 독일과 전쟁을 일으키자 걱정은 실제적인 위협으로 다가왔다. 왜냐하면 삼국동맹조약(1936년)하에 일본이 독일과 동맹을 맺었기 때문이다. 그러나 그때까지도 홍콩에 거주하는 영국인들은 일본인의 체격, 운동 능력, 국수주의적인 미성숙함을 이유로 일본을 과소평가하고 있었다. 그러나 1941년 12월 8일 새벽, 일본이 진주만과 홍콩을 동시에 공격하자 그제야 깜짝 놀랐다. 일본은 순식간에 신제를 손에 넣었다. 병력 부족으로 새롭게 만들어진 진 드링커스 방어선을 일본에 내어줄 수밖에 없었다. 카이탁 활주로 역시 일본에 빼앗겼고, 홍콩을 돕기 위해 싱가포르에서 출발한 2척의 전함, 프린스 오브 웨일스와 리펄스도 격침당했다.

주룽은 5일 만에 함락당했지만, 총독인 마크 영은 항복을 거부했다. 그러자 일본은 12월 18일 섬 한가운데에 착륙해 리펄스베이까지 빠르게 진군했으며, 영국 군대가 행복한 크리스마스를 맞길 바란다는 최후통첩과 함께 크리스마스 당일 홍콩을 함락했다.

군사 포로와 민간인이 같은 캠프에 수용된 채 열악한 대우를 받았다. 일본 문화 자체가 항복을 존중해주지 않았기 때문이다. 많은 사람이 굶주림과 학대로 사망했다. 일본은 일반 지역 주민들까지 억압했고, 식량 부족을 이유로 엄청나게 많은 사람을 국경 너머로 보내버렸기 때문에 160만 명이던 홍콩 인구는 60만 명으로 줄었다.

미국의 폭격 후 1945년 8월 30일, 영국의 태평양 함대가 홍콩에 도착함과 동시에 패망한 일본은 홍콩을 떠났고 남은 건 피폐해진 땅뿐이었다.

【 전후의 발전 】

미국 함대가 먼저 도착하지 않은 것이 홍콩으로서는 행운이었다. 미국인들은 영국 식민지인 홍콩에 실질적인 위협이나 마찬가지였다. 루스벨트 대통령은 UN 헌장의 전신 격인 대서양 헌장의 민족자결권 조항이 독일, 이탈리아, 일본과 마찬가지로 영국 식민지에도 적용된다고 믿었기 때문이다. 루스벨트는 홍콩을 장제스의 중국에 넘겨야 한다고 계속 강요했지만 대영제국의 처칠이 강하게 버텨냈다.

그럼에도 전쟁 이후 홍콩이 맞게 된 세상은 완전히 새로운 것이었다. 그리고 처칠의 전시 연합 정부를 대체했던 노동당 정부는 홍콩이 최신 민주주의 정부를 갖기 바라며 제국주의에 그다지 열성적인 모습을 보이지 않았다. 전쟁 중 일본에 수감되었던 마크 영 총독(1941~1947년)은 민주화 정책을 강력하게 지지했다. 영 플랜이라는 이름의 정책이 런던의 승인을 받았는데, 이 정책에 따라 홍콩 입법회는 중국인이 뽑은 인물 절반과 외국인이 뽑은 인물 절반으로 구성되어야 했다.

하지만 알렉산더 그랜섬(1947~1957년)이 총독이 된 다음에는 이 정책을 제대로 이어가지 못했다. 얄궂게도 중국 내에서의 변화, 즉 장제스의 국민당 정부와 마오쩌둥의 공산당 사이에 내전이 일어났기 때문이다. 1949년 공산주의에 의한 폭력적인 정권 장악과 완전 무장한 대만 국민 정부의 존재 때문에 홍콩의 지도자들은 걱정을 하지 않을 수 없었다. 잘못하면 자신들의 선거가 두 양극단에 의해 장악될 수 있었기 때문이다. 결국 홍콩 지도자들은 영 플랜의 연기를 요구하기에 이른다.

중국 내에서의 사건들은 홍콩에 더 직접적인 영향을 끼쳤다. 중국에서 엄청난 수의 난민들이 들이닥쳐 5년 사이에 홍콩의 인구는 두 배로 늘어났다. 1953년 크리스마스에 불법 거주자 지역에서 일어난 큰 불이 도시 전체로 번졌고 이로 인해 정책의 변화까지 일어났다. 바로 공공주택 정책을 추진하게 된 것이다. 공공주택은 이후 30년 내에 인구의 절반에 해당하는 사람들에게 주거를 제공하게 되었다.

새롭게 증가한 인구는 값싼 노동력을 제공하여 수출입항이었던 홍콩을 공업 중심지로 변모시켰다. 장난감, 가발, 섬유 등 값싼 제품을 경쟁국보다 낮은 가격에 영국이나 다른 부유한 나라에 판매한 것이다. 실제로 홍콩의 급성장 덕분에 1980년대 일인당 GDP는 영국 수준으로 뛰어올랐다.

당시 하루에 30명이 '합법적으로' 홍콩에 들어왔다면, 불법 이민자는 100명에 달했다. 자국 정부에 의한 적법한 방법이 아니라 중국에서 '수출하는' 인구 때문에 인구가 늘어난 나라는 세계에서 홍콩이 유일할 것이다. 20세기 후반 계속되는 이민 때문에 사회적인 대비도 필요하게 되었고 의료, 주택, 교육 같은 국가 표준은 보통 중국보다는 영국과 비교되었다.

정치적으로 민주주의적인 변화는 여전히 일어나지 않고 있었다. 국경 너머 계속되는 극단주의와 불안정성이 홍콩에 영향을 주었기 때문이다. 사실 마오쩌둥은 1967년 문화대혁명으로 인한 무정부 상태가 식민지에까지 퍼졌을 때도 홍콩을 그냥 방치했다. 폭동이 일어나 경찰과 폭도들이 죽기도 했는데 말이다. 마오쩌둥과 그의 실질적인 총리 저우언라이는 홍콩을 중국인이 쓸 상품을 파는 아울렛이자 동시에 수입을 위한 유용한 출입구 정도로 생각했다.

【 반환 】

1970년대 말 중국이 덩샤오핑의 새로운 실용주의 리더십 아래 문화대혁명으로부터 회복하고 있을 때, 변화를 도모해야겠다고 생각한 것은 영국 쪽이었다. 1983년 마가렛 대처 수상은 홍콩의 미래에 대해 덩샤오핑과 공식적인 협상을 시작했다. 99년간 임차하기로 한 신계의 임대 만료일이 다가오고 있었기 때문이다. 대처 수상은 협의안대로 신계 지역의 반환만 협상하려 했으나, 그곳만 따로 분리시킬 수 없다는 말을 들었다. 이미 그곳에 신도시와 기반 시설이 건설되었으며, 홍콩섬과 주룽 지역 역시 신제 없이는 독자 생존이 힘들다는 이유 때문이었다. 결국 대처는 1984년 공동 선언을 통해 홍콩 전 지역을 중국에 돌려주기로 약속했다. 1984년 반환 협정에 서명을 하러 온 대처는 인민대회당의 계단을 오르다 넘어질 뻔했다. 중국인들에게 이 일은 영국의 혼란 또는 (그들에게 불리한 운명의) 예감처럼 느껴졌다. 덩샤오핑의 슬로건, '한 나라, 두 체제'에 따라 공동 선언은 홍콩에 기존의 체제 유지와 자치권을 약속했다.

미래가 확실해지기 전에는 자치 정부를 세우는 것이 너무 위험하다는 의견이 많았다. 중국 입장에서는 식민지에 의한 위협보다 민주주의에 의한 위협이 더 컸기 때문이다. 비록 다른 모든 식민지는 1980년대까지 영국으로부터 독립을 했지만, 처음에 홍콩은 (특정 지구 차원의) 부분 민주주의 정도로 만족해야 했다. 입법회가 민주화되었을 때조차도, 입법회는 행정위원회를 선택하는 총독의 결정적인 권력을 손에 쥐지 못했다. 1997년 홍콩이 중국에 완전히 반환될 때도 임명권은 여전히 총독에게 있었지 의장의 권한이 아니었다.

민주주의 인사들, 예를 들어 마틴 리가 이끄는 민주당, 크리스틴 로를 포함한 무소속 의원들은 중국의 고집 때문에 이루어지고 있는 준민주주의가 달갑지 않았다. 그럼에도 1997년부터 몇 년 동안 영국에서 중국으로 안정적이고 순조로운 권력 이양이 가능했던 것은 준민주주의 덕분임을 그들도 인정했다.

권력 이양은 8년 전 기대한 것보다도 훨씬 더 순조롭게 이루어졌다. 1989년 중국에서 일어났던 사건들이 홍콩에 전무후무한 영향을 준 것 같다. 권력 부패를 반대하고 민주주의를 요구하는 학생 주도 운동 세력이 베이징 천안문 광장에서 군사적 수단에 의해 진압당했던 것이다. 거의 200만 명에 달하는 홍콩 사람들이 반대 시위를 하러 거리로 나왔다. 중국에 완전히 흡수되면 홍콩에 무슨 일이 생길지도 모른다는 불안감에 특히 중산층 인구의 이민이 굉장히 늘었다. 예를 들어, 끝까지 홍콩에 거주하기로 약속했던 정무사 소속 외국인들 절반이 1997년 전에 홍콩을 떠났다. 대부분이 1997년 이후의 정치 상황을 우려해 이런 결정을 내렸다.

1997년 6월 30일, 홍콩은 중화인민공화국에 공식적으로 반환되었다. 홍콩 컨벤션센터에서는 간단한 기념행사가 열렸다. 여왕을 대신해서 온 찰스 왕자와 중국 주석인 장쩌민이 연설을 했고, 영국과 식민지 홍콩의 국기가 내려졌다. 7월 1일 자정이 지나자마자 중국 국기와 (빨간 배경에 하얀 자형화 꽃이 그려진) 홍

콩특별행정구 깃발이 게양되었다.
홍콩은 이제 공식적으로 중화인민
공화국의 홍콩특별행정구로 불린다.

반환 이후

알려진 대로, 통치권을 반환받은 중국은 공동 선언을 깨지 않기 위해 또는 현 상황을 무너뜨리지 않기 위해 매우 조심스럽게 행동했다. 이는 덩샤오핑으로부터 물려받은 본토의 실용주의, (예전의 총독 역할인) 최초의 행정장관이 보여준 균형 잡힌 임무 수행, 마지막 총독이었던 크리스 패튼이 임명한 (정무사 사장인) 안손 찬 총리의 군건한 방어 태세 덕분이었다.

아이러니하게도 최근까지 홍콩에서는 가장 많은 문제가 있을 것으로 예상됐던 정치 분야에서는 별 문제가 없었으나, 오히려 가장 순조로울 것으로 예견된 경제 분야에서 많은 문제가 드러났다. 경기 침체는 어떤 특정한 문제라기보다는 지역적인 문제였다. 홍콩보다 훨씬 싼 노동력, 건강, 안전, 환경 규제에 대해서도 다소 무심한 태도 덕분에 중국은 상업과 금융 세계의 중심이 되었고, 원래 비즈니스 중심지였던 홍콩은 소외되고 말았다.

홍콩특별행정구의 첫 행정장관인 둥젠화는 열 살이 되던 해 가족과 함께 전쟁으로 피폐해진 상하이에서 홍콩으로 이주했다. 그는 영국에서 대학교를 졸업하고 미국에서도 살았으며, 행정장관으로 임명되기 전까지 30년간 사업에 몸담았다. 그는 정치에 관심이 없었고 오히려 학구적인 사람이어서 지도자로서 좋은 인상을 심기 위해 '친근한 이웃집 아저씨' 이미지를 내세우는 경향이 있었다. 비평가들은 그가 재임 기간 중 어떤 긍정적인 업적도 쌓지 않았다며 불만을 표하지만, 베이징 정부의 그늘 아래서 그가 과연 무엇을 할 수 있었을지는 의문이다. 정치계의 이런 상황은 지금도 여전하다.

반환 초기 중국의 걱정에도 불구하고 홍콩인들은 정치적으로 상당히 확고한 모습을 보여주었다. 친중국 성향으로 돌아서는 사람도 있기는 했지만 입법회에 민주당 당원을 계속 선출하는 사람들도 여전히 있었다.

2003년 7월 '국사범'을 처벌하는 법률이 발의되자 수십만의 홍콩 사람들이 6시간 반 동안 거리에 나와 시위를 했다. 어느 시위자의 말에 따르면, 그 법은 너무나 광범위해서 어떤 행위로도 처벌을 받을 수 있다고 주장했다. 국가보안법 제정에 반대하는 시위는 1997년 중국으로의 반환을 축하하던 행사들을 무색하게 만들었다. 이에 행정장관 둥젠화는 홍콩 정부는 권리와 자유를 보장하고 지키기 위한 실질적인 노력을 이어가겠다고 약속했다. 그해 9월, 국민들의 합의를 얻을 수 있는 방식으로 개정하기 위해 일단 발의된 법안은 철회되었다.

영국과 중국이 서명한 공동 선언에 따라 둥젠화의 후계자는 직접 선거로 선출해야 했다. 2005년 둥젠화가 사임하자, 미리 중국의 승인을 받은 도널드 창이 선거위원회 800명의 간선투표에서 한 명의 반대도 없이 전원일치로 선출되었다.

【 2014년 우산혁명 】

2007년, 두 번째 행정장관 도널드 창은 보통 선거권 문제를 해결하려 했다. 전국인민대표대회 상무위원회에서는 2017년 행정장관 선거를 보통 선거로 선출하겠다고 결정했다. 그러나 막상 2014년이 되자 친중국계로 구성된 후보추천위원회의 지명을 받은 사람만 행정장관 후보에 오를 수 있다고 하면서 두세 명을 후보로 올렸다.

학생들은 수업을 거부하고 거리로 나왔다. 공식적으로 홍콩

전상학생연회와 학민사조라는 두 학생 조직이 혁명을 이끌었다. 이들은 홍콩대학교 법학부 부교수인 베니 타이 이우팅이 이끄는 '사랑과 평화로 센트럴을 점령하라'는 제3의 조직과 합세했다. 79일간의 시위 끝에 마무리된 보이콧은 주로 세 지역에서 연합하여 이루어졌다. 그중에서 가장 중요한 장소는 애드미럴티로 중앙정부청사 건물과 타마파크가 있는 곳이었다. 이곳은 홍콩을 가로지르는 간선도로와 연결된 주요 고속도로를 차단할 수 있는 곳이었다. 코즈웨이베이, 홍콩에서 가장 사람들이 붐비는 지역인 몽콕에서도 작은 규모의 시위가 계속 이어졌다. 특히 몽콕에서는 친민주주의(또는 지역주의) 지지자와 친중국 성향 시민들 간에 공격적인 충돌이 자주 일어나 그 지역 사업주와 미니버스 운전자들을 곤란하게 만들었다.

이 상황은 스타페리 운임의 인상이 주원인이었던 1966년 폭동과 비교되었다. 평화로운 군중들에게 경찰이 최루 가스를 쏘는 장면은 늘 비즈니스와 돈벌이에만 관심을 갖던 도시, 홍콩의 수많은 사람을 깜짝 놀라게 만들었다. 우산혁명은 국제적인 관심을 받았음에도 불구하고, 중국 국가주석인 시진핑은 이 상황에 대해 단호한 태도를 유지하며 공식적인 언급을 아꼈다. 상황을 살피기 위해 영국 의회의 조사단이 입국하려 했

으나 입국이 거부될 테니 오지 않는 것이 좋을 거라는 이야기
를 들어야 했다. 영국 의회의 하원 외교위원회 의장은 당시를
'명백하게 대립적인' 상황이라고 언급했다. 행정장관인 렁춘잉
은 가능한 한 빠르고 평화적으로 이 사태를 마무리 지으라는
당부를 들었다.

결국 거리의 상황이 해결되는 동안에도 홍콩의 보통 선거
권 문제는 여전히 해결되지 못했다. 2014년 이후 정부와 시위
주도 학생들 간에 수많은 대화가 있었지만, 모두 시위대를 달
래줄 임시방편일 뿐이었다. 2016년 입법회 선거에서 (35명 중)
8명이 '지역주의자'로 선출되었지만, 여전히 친중국 의원들이
다수를 차지하고 있다. 그리고 행정장관 자리 역시, 여전히 미

리 승인을 받고 1,000명의 핵심 인물들이 투표를 하는 방식으로 선출되고 있다.

정부와 정치

현재 홍콩특별행정구 정부는 홍콩 기업계의 기득권이 장악하고 있고 온전히 중국 정부의 승인에 의해 움직인다. 선출된 정부가 아니라서 여러 단계에 걸쳐 중국이 임명한다. 뿐만 아니라 임명 방식은 처음 영국을 통해 도입했던 체계와는 완전히 다른 형태가 되었다.

정부의 사업은 정책을 고안, 착수하여 실행에 옮길 수 있는 전문 관리자(행정관)들과 정책을 제정하고 그것을 관리할 수 있는 실무 관리자들이 시행한다. 사무직 직원과 기술진도 함께 돕는다. 인구 비율로 따지면 상대적으로 관료도 적고 부실한 정부인 것이 사실이다.

정부의 지도자는 (과거의 총독에 해당하는) 행정장관이며, 그가 정무사 사장, 율정사 사장, 재정사 사장을 통솔한다.

행정관들은 민주주의 정부에 비해 훨씬 많은 권력을 가지

지만, 이 권력은 입법회를 구성하는 정치인들에 의해 틀이 잡히고 점검당한다. 입법회의 구성은 오랜 시간에 걸쳐 다양하게 변해왔다. 1990년대 입법회를 한층 더 민주화시키려는 크리스 패튼의 노력에도 불구하고, 여전히 부분적으로만 직접 선거가 허용된 상태다. 본토에서와 마찬가지로 제한된 선거라고 할 수 있다. 후보는 대체로 행정부에 의해 선출된다. 행정장관 도전자는 미리 뽑아서 중국의 승인을 받은 후 중요한 사업가나 주요 인사들로 이루어진 1,000명의 투표인단에 의해 투표로 선출한다. 입법회에는 70명의 의원이 있는데 이 중 35명은 지역 대표로 직접 선거로 뽑은 사람이며, 나머지 35명은 직능대표로 특정 기업 및 사회 분야 위원회가 선출한다. 이 직능대표는 교육, 노동, 법 같은 전문 지식이 있거나 영향력이 있는 사람들을 뽑아 (전체는 아니지만) 다양한 계층으로 입법회를 구성하기 위해 만든 것이다. 홍콩의 18개 구에는 각각 행정관청(행정실과 중역실)과 (선출직인) 지방 자치구 의회가 있다.

실제로 홍콩의 정치적 문제들이 지난 10여 년간 증가하기는 했지만 그래도 상대적으로 적은 편이다. 미디어와 몇몇 입법회 의원들은 행정부에 비판적이며, 주로 친민주주의파와 친중국파의 의견이 나뉠 때 의사 진행 방해, 즉 필리버스팅을 하는 것이 입법회의 특기 중 하나가 되었다. 그러나 완전 민주주의 국가에서 정치적인 사안에 투자하는 시간과 노력에 비하면, 홍콩에는 논쟁 자체가 무척 적다. 그게 무관심 때문인지, 아니면 돈벌이와 사업의 성공에만 집중하고 논쟁적인 사안에 대해서는 침묵을 지키는 성향 때문인지는 단언하기 어렵다.

홍콩의 역할

홍콩은 20세기 후반 중국으로의 관문으로서 중요한 역할을 했다. 항구와 공항을 통해 물건과 사람이 마구 드나들었으며,

홍콩 전역은 부흥기를 맞았다. 물론 이런 역할은 중국이 무역과 관광을 개방하자 크게 감소했지만, 그래도 홍콩은 여전히 국제적인 비즈니스의 중심지로 남아 있다.

중국이 해외 사업과 관광을 개방하고 있는 중에도, 홍콩은 여전히 편안하고 안전한 목적지 역할을 하고 있다. 법이나 사회적 평등, 복지 같은 것들이 주변의 부패하고 타락한 정권에 비하면 훨씬 성공적이기 때문이다. 홍콩에는 전통적인 중국 문화도 적절히 깔려 있으면서, 서구적인 음식과 현대적인 편의 시설, 영어만으로도 의사소통이 가능한 편리함까지 더해졌다. 게다가 무역이나 사업을 하기에 안전하고 자유로운 곳이기도 하다. 법 체계가 투명하며 관세 혜택도 있다.

홍콩은 동남아의 성공한 준민주주의 국가이며, 1990년대에는 두 마리의 큰 용, 중국과 일본 옆에 있는 '아시아의 네 마리 작은 용(홍콩, 싱가포르, 대한민국, 타이완)' 중 하나로 알려졌다. 말레이시아와 태국은 (그들은 인정하지 않을지 몰라도) 사회적인 화합과 번영의 측면에서 홍콩을 롤모델로 삼았다. 홍콩의 가장 강력한 라이벌은 싱가포르다. 싱가포르는 독립적이고 민주주의적이지만 불필요하게 엄격한 정부와 과하게 위생적인 생활 방식으로 악명이 높다. 싱가포르 사람들은 전통적으로 홍콩인을 부패하고(1980년대까지는 사실이었다), 돈에 너무 집착하고, 제멋대로인 사람들로 보았다. 광둥어 영화 산업 역시 이런 시선을 바꾸는 데 도움이 전혀 되지 못했다. 반대로 홍콩인들은 싱가포르인들을 게으르고, 제대로 된 중국인이 아니며, 지루한 사람들이라 생각했다.

하지만 최근 몇 년 동안 싱가포르는 해외 무역을 끌어들이고 유치하는 데 두각을 보였다. 중국의 개방으로 예전보다 더 직접적인 접근도 가능해졌기에 홍콩은 앞으로 과거와 같은 영화를 누리지 못할 수도 있다. 홍콩이 금융, 운송, (중국을 통한) 제조 같은 원래부터 두각을 나타내던 산업에만 계속 집중하는 동안, 싱가포르는 디지털 기술, 창조형 서비스, 심지어 텔레비전 같은 더 새롭고 빠르게 바뀌어가는 산업 발전을 지원하면서 사업을 다각화하기 위해 노력하고 있다.

02
가치관과
사고방식

홍콩은 본토보다 훨씬 더 국제주의적이다. 도시 자체가 중국과 영국이라는 완전히 다른 문화를 연결하는 교역소의 역할로 설립되었기 때문이다. 그렇다 보니 사람들의 태도 역시 내부지향적이기보다는 외부지향적이다. 국제적인 사업에 대한 보편적인 관심과 담론이 그들에게는 일상적인 삶이다.

중국식 가치관

홍콩에 사는 중국인들은 중국인이라는 사실을 스스로 자랑스러워하며, 생활 관습 역시 본토와 매우 유사하다. 하지만 홍콩인들은 150년간 이어진 영국의 통치로 인한 영향을 받을 수밖에 없었으며, 지난 30년간 무역을 통한 호황 덕분에 서구화되기도 했다.

외부인이 언뜻 보기에 홍콩은 중산층의 삶을 보여주는 전형 같다. 대부분의 사람들은 착실하고 부지런하며, 교육과 일, 가족 부양에 대해 '자본주의적'인 가치를 가지고 있다. 전통적인 서구의 관점에서 볼 때, 여기서 전통적인 중국의 요소를 골라내는 것은 무척 어렵다. 둘 사이에는 공통점이 많기 때문이다.

그들이 집 안팎에서 보여주는 사회적 행동은 대부분 기원전 6세기 중국의 사상가인 공자에게서 물려받은 것이다. 공자는 이상주의자로, 사회적인 질서와 정의의 중요성을 설파했다. 그는 통치자는 통치자답게, 백성은 백성답게, 아버지는 아버지답게, 아들은 아들답게 행동하는 것이 중요하다고 여겼다. 이 때문에 중국인에게 복종과 보수성은 떼려야 뗄 수 없는 요소

가 되었다. 효 또한 매우 독
특한 중국식 용어다. 효는 독
실한 존중의 마음인데, 단순
히 부자관계뿐만 아니라 종
업원이 사장에게, 아랫사람
이 윗사람에게 등 모든 관계
에서 찾아볼 수 있다. 홍콩
반환협정 대표단이 베이징에
갔을 때, 그들은 공개적으로

아버지에게 관용을 구하는 아들처럼 행동하라는 말을 듣기도
했다.

전통적으로 노인은 존경을 받고, 나이든 부모는 퇴직자 전
용 시설에 가기보다는 자녀 중 한 명과 같이 사는 경우가 많
다. 나이든 여성은 할머니란 뜻의 포포, 나이든 남성은 할아버
지란 뜻의 예예로 부른다. 마찬가지로 자신보다 나이가 많은
사람, 부모님 나이와 비슷한 사람은 존경의 마음을 담아 영어
로 앤티, 엉클로 부르기도 하고, 광둥어로 아속이라고도 한다.
대부분의 중국인들은 나이든 부모를 당연하게 부양하며, 그
대가로 약간의 세금 감면을 받을 수도 있다.

복잡한 시내에서는 노인에 대한 공경이 눈에 덜 띈다. 하지만 대중교통 안에서 대부분의 사람들은 노인에게 자리를 양보하며, 버스 운전기사는 노인이 타고 내릴 때 인내심을 갖고 기다려주는 경우가 많다. 행인들은 노인이 걷기 어려운 인도나 계단을 지나갈 수 있게 도와주기도 한다. 그러나 먹고 살기 위해 시장에서 일하거나 재활용품을 주워서 파는 노인들도 흔히 볼 수 있다. 가족에게 기댈 수 없는 노인들을 위한 대책이 부족한 것은 홍콩 사회 복지의 명백한 실수라고 할 수 있다.

효에 초점을 맞추어 보았을 때, 직장 상사에 대한 태도 또한 다른 문화권과는 다르다. 특히 다른 사람이 보는 앞에서는 상사의 의견을 조용하게 수용하며, 설령 그것이 사실과 다를지라도 상사를 불쾌하게 하지 않으려는 마음가짐을 갖고 있다. 예를 들어, 상사가 정치와 관련된 말을 하면 개인적인 생각은 그와 다를지라도 동의하는 척한다. 만약 당신이 고객이라면 직원도 비슷한 태도를 보일 가능성이 높다. 문제가 있는데도 문제를 제기하지 않거나, 대답이 분명히 '아니요'인데도 '예'라는 말을 들을 수 있다는 뜻이다.

홍콩인들은 보다 적극적이고 격이 없는 서양인들의 행동을 용인해주고 그런 행동에 영향을 받기도 했다. 그렇지만 홍콩의 중국인들을 대할 때는 그들이 사회적인 조화를 으뜸으로 여긴다는 사실을 기억하는 편이 훨씬 좋을 것이다. 홍콩에서는 논쟁 자체가 금기시된다. 비록 본토 중국에서 온 관광객들이 종업원들에게 시끄럽고 공격적인 태도를 보이는 것으로 유명하긴 하지만 말이다. 혹시나 중국 관광객들이 무례한 모습을 보이는 현장을 보게 된다면, 근처에 있는 홍콩인들이 놀라서 입을 꽉 다물고 듣기만 하는 모습을 목격할 수 있을 것이다. 비슷한 맥락에서, 홍콩인들은 과묵한 것으로 알려져 있다. 활발한 토론이 필요한 학계에서조차 말이다. 질문을 하는 일 자체가 매우 드물어서, 많은 사람이 분명하게 의견을 내거나 질문을 하느니 차라리 혼란한 상태로 있는 것이 더 낫다고 생각한다. 또한 고정관념을 깨는 행동도 거의 하지 않는다. 직장에서 가장 중요한 덕목이 무엇인지 묻는 설문을 한다면, 아마 홍콩의 직장인들은 근면함, 효율성, 세심한 주의, 정직함보다 조화를 더 높은 순위에 꼽을 것이다.

외국인들은 홍콩 내 중국인들이 공식적인 초대를 무척 신중하게 한다는 걸 알게 될 것이다. 유흥은 주로 협소한 집의 크기 때문에 집 밖, 보통 음식점이나 회원제 클럽에서 이루어지며, 세심한 계획에 따라 진행된다. 누군가의 집에 초대를 받았다면, 특히 가족 모임에 참석하게 되었다면, 굉장한 영광으로 생각해야 한다. 중국인들은 초대를 받으면 보통 와인보다는 위스키를 가져가며, 대신 성찬을 기대한다. 일반적으로 초대는 상급자가 하급자에게 하는 것이며 의무적으로 참석해야 한다. 사치스러운 선물을 사가면 초대에 대한 답례로 상대방을 다시 초대해야 할 부담을 덜 수 있다.

중국인들은 어떤 특정한 태도를 외국에서 온 것, 그래서 바람직하지 못한 것으로 여기기도 한다. 중국인들은 공공연한 낭비벽, 흔치 않은 생활 방식이나 행동을 용인하지 않는 편이다. 그러나 중국인들은 자신의 불만을 대놓고 드러내지 않기 때문에 외국인들은 그것을 눈치 채지 못하고 넘어갈 수도 있다. 서양 문화에서는 일반적으로 받아들여지는 특정한 사회적 행동도 홍콩인들은 못마땅하게 생각할 수 있다. 일반적으로 중국인들은 감정을 드러내지 않는다. 특히 동성끼리 입맞춤을 하거나 친밀감을 표시하는 것, 흥분해서 화를 내는 것, 술에 취해 추태를 부리는 것 등 모든 극단적인 행동은 하지 않는 편이다. 더 서구화된 젊은 세대에서도 이는 마찬가지다. 동성애자임을 대놓고 공개하는 것은 여전히 대다수 중국인들에게 금기시된다. 동성애자인 서양 친구를 사귀는 것에는 훨씬 마음이 열려 있는데도 말이다. 일반적으로 중국인들은 속으로는 못마땅한 것에도 겉으로는 관대하고 차분한 태도를 보인다. 그리고 스스로를 도덕적이고 열심히 일하며 전통에 대한 자부심을 갖고 있다고 평가한다.

반대로 외국인들은 무례하다고 생각하는 사회적 행동이 중국인에게는 허용되거나 당연하게 여겨지기도 한다. 예를 들어 외국인에게 다소 퉁명스럽고 꾸밈없는 태도로 말하는 것(외국인에게는 무례하게 보일 수 있음), 중국어를 시도하는 외국인들을 흉내 내거나 비판하는 것 모두 인종 차별 행위로 여겨지지 않는다. 곤란한 상황에서 웃음을 터트리는 것, 큰 소리로 전화 통화하는 것, 길에서 기침을 하거나 침을 뱉는 것 모두 마찬가지다. 중국인들에게는 일상적인 이런 행동들이 방문객들에게는 짜증의 요인이 될 수 있다.

행운과 미신

3장에서 풍수를 비롯한 전통에 대해 다룰 때 다시 한 번 언급하겠지만, 행운은 반기고 악은 떨쳐내는 것이 중국인의 일상생활에서 무척 중요한 역할을 한다. 춘절에 새 옷을 입는 것, 청명에 조상의 묘를 청소하고 공물을 태우는 것, 사업이나 개인적인 일을 하기 좋은 길일을 정하기 위해 농사력을 보는 것, 투기성 사업을 벌였을 때 행운을 가져온다고 여겨지는 행위를 하는 것이 모두 그런 경우다. 물론 젊은이들은 이런 전통을 점점 거부하고 있는 추세다. 하지만 미신은 여전히 홍콩에서 아주 중요한 역할을 한다. 행운을 가져온다고 여겨지는 행동, 조상, 혼령, 신을 즐겁게 하고 공경하는 행동 모두 중요하게 생각한다.

· 체면 ·

홍콩에서 비즈니스와 사회생활에 성공하려면 '체면'이라는 개념을 이해해야한다. 한 사람의 명성과 평판은 '체면 지키기'에 달려 있다. 한 사람의 행동은 그의 회사뿐만 아니라 그의 가족, 그가 속한 다른 모든 집단을 반영한다.

'체면 잃기', 즉 의도하지 않게 스스로 혹은 다른 사람을 당황하게 하거나 냉정을 잃게 만드는 행위는 특히 비즈니스 협상 자리에서 심각한 결과를 초래할 수 있다. 단정하고 겸손한 태도로 상대방을 칭찬하고 동의해주면 상대방의 '체면을 살릴' 수 있다. 당신이 존경하는 사람이 당신이 있는 곳에서 체면을 잃었다면, 곧바로 말이나 행동으로 대응하여 그의 체면 살리기를 도와줄 수도 있다. 예를 들어, 당신이 잘못한 일이 아닌데도 대신 책임을 질 수도 있다.

반면 당신이 다른 사람의 체면을 깎아내렸다는 생각이 들면, 직접 상황을 해결하려고 하기보다 다른 사람이 상황을 수습하는 걸 지켜보면서 조용하고 겸손한 모습으로 가만히 있는 것이 최선이다. 비즈니스 상황에서는 특정 공간 안의 위계질서가 명확한 경우가 많지만 그래도 미묘한 표정 변화를 알아차리거나 문제 상황을 제대로 인지하는 것이 어렵고, 시간이 오래 걸릴 수도 있다.

홍콩인을 상대할 때는, 화를 내고 짜증을 내고 냉정을 잃으면 체면을 잃는다는 것을 기억하라. 차분하고 신중하며 모나지 않은 모습을 유지해야만 한다.

영국이 남긴 유산

홍콩의 많은 단체는 영국에 기원을 두고 있다. 특히 공무원 조직은 150년 동안 영국에 의해 계획되고 운영되었다. 타이판(외국인 사장)이나 사업계 큰손이 이끄는 대규모 업체나 외국 상사 같은 경우에도 마찬가지다. 유명한 외국 상사로는 (캐세이패시픽을 소유한) 스와이어, 자딘 매디슨, 홍콩상하이은행이 있다. 이들은 기본적으로 서양식으로 운영하고 있지만, 회사 건물에 관해 풍수 전문가의 조언을 구하거나 춘절에 보너스를 주는 등 중국의 전통적 요소를 가미하고 있다.

일반적으로 영국이 남긴 유산은 생각하는 것만큼 대단하지 않다. 대체로 홍콩인들은 그들의 전통을 자랑스러워했고, 식민지 정부에는 괜히 긁어 부스럼을 만들지 않으려는 경향이 있었기 때문이다.

교육이 가장 영향을 많이 받았는데, 초기에 세워진 대부분의 학교가 선교사와 교회에 의한 것이기 때문이다. 이후 정부는 1970년대에는 13세까지만 지원되던 무상 교육을 전면 확대시켰다. 오늘날 많은 중국 어린이는 교육에 긍정적인 태도를 갖고 있다. 좋은 성적을 내고 열심히 공부해야 부모의 기대에

부응할 수 있고, 안정적이고 성공적인 미래가 보장된다는 걸 알기 때문이다. 또한 중요한 것은 학교나 정부에서 내놓는 서구식 가치를 매우 중국적인 방식으로 받아들일 때가 있다는 것이다. 금연 캠페인이 딱 들어맞는 일례일 수 있겠다. 학교와 정부는 건강을 위해 공공장소에서 담배를 피우지 말라는 캠페인을 했다. 그 결과 엄청나게 많은 사람이 흡연을 포기했고, 본토에 비하면 홍콩은 거의 금연국이나 마찬가지다.

정직이나 정의 같은 더 추상적인 가치 역시 중국 문화에서 비롯된 것이지만, 서구식 표현이 더해지면서 중요하게 여겨졌다. 영국에서 비롯된 '법치주의'라는 개념도 150년 동안 직접 겪고 나서 좋은 경험이었다는 것을 깨달았기 때문에 계속 선택받았다. '법치주의'는 홍콩과 본토를 구분 짓는 여러 가지 차이점 중 하나다. 그리고 공정한 사회에서 이것이 얼마나 중요한지 아는 사람들에 의해 빈틈없이 수호되고 있다. 이는 부패에 대한 반감과도 연관이 있어서 덕분에 홍콩은 염정공서의 도움으로 아시아에서 가장 부패지수가 낮은 지역이 될 수 있었다.

사회 정의에 대한 태도는 주로 선교사들과 그들이 제공하는 교육을 통해 자연스럽게 홍콩에 스며들었다. 영국인과 미국인에 의해 홍콩에 널리 알려진 기독교는 확고한 사회 윤리를 갖고 있었고, 학교와 자선 단체 역시 선교사들과 그들의 추종자들에 의해 설립되었다. 19세기에 설립된 보령궉 같은 자선 단체의 경우 서양 자선 기관을 따라서 홍콩의 중국인들이 만든 것이다. 비록 건물은 위엄 있는 빅토리아 스타일이었지만 말이다. 노동조합, 평등과 권리에 대한 논의 역시 서양의 영향을 받았지만 다른 서양 국가에 비하면 제대로 발전이 이루어지지 않았다. 환경 문제 역시 큰 호응을 얻지 못했지만, 다양한 단체와 입법회의 크리스틴 로가 변화를 꾀하고 있다. 재활용에 대한 공익 광고가 홍콩 TV 채널을 장식하고 있는 것이 그 증거다.

당연하게도 홍콩은 본토보다 훨씬 더 국제주의적이다. 도시 자체가 중국과 영국이라는 완전히 다른 문화를 연결하는 교역소의 역할로 설립되었기 때문이다. 그렇다 보니 사람들의 태도 역시 내부지향적이기보다는 외부지향적이다. 국제적인 사업에 대한 보편적인 관심과 담론이 그들에게는 일상적인 삶이다. 일반적으로 홍콩인은 휴가차 해외로 나가는 걸 좋아하며, 교양 있는 여행객이 되어가고 있다. 하지만 언제 어디로 여행을 가든 중식을 선호하는 것으로 유명하다!

중국 전통과 오래된 서양 전통은 수많은 지점에서 겹치기 때문에, 방문객이 분별력 있고 차분한 태도로 행동한다면 홍콩인들과 충분히 즐겁게 지낼 수 있을 것이다. 의도치 않은 무례한 행동 때문에 기분이 상하는 일만 생기지 않는다면, 홍콩에서 더욱 즐거운 생활을 할 수 있을 것이다.

남성과 여성

홍콩 인구는 여자 1,000명당 남자는 855명으로, 남녀 비율의 불균형이 심하다. 30~35세까지의 여성 노동 인구는 눈에 띄게 감소했지만, 직장에서 여성을 쉽게 찾아볼 수 있다. 하지만 여성의 역할은 상대적으로 덜 평등하다. 경영과 의학 분야에 종사하는 남성의 수는 여성의 수에 비해 60~80% 많고, 대다수의 여성들은 임금이 더 적은 사무 보조직을 맡고 있다. 정치인을 포함해 일반적인 공무원직은 그나마 균형 잡힌 비율을 보여주지만, 홍콩은 여성 참여 비율이 낮은 나라 중 하나임이 분명하다. 성별을 이유로 눈에 띄는 차별을 하지는 않는다. 다만 상근직으로 일하는 여성이라도 집에 돌아오면 요리, 청소,

육아 등 (가끔 가정부의 도움을 받기도 하지만) 모든 집안일을 하는 게 당연하게 여겨지고 있다. 반면 남성은 늦게까지 일하고 나서 집 밖에서 유흥을 즐길 수도 있다. 심지어 부양가족과 상관없이 출장을 가기도 한다.

【 가정부 】

많은 중산층 여성은 엄청나게 많은 이민자 '가정부'의 도움 덕분에 자잘한 집안일에서 해방되었다. 이 가정부들은 주로 필리핀 출신이며 남아시아와 태국 출신도 있다. 중국인들은 주로 필리핀 여성을 고용하고 싶어 하는데, 이들이 영어를 잘해서 아이들을 돌보면서 기본적인 언어 교육도 할 수 있기 때문이다. 이 노동자들은 홍콩에서 최저 임금을 받음에도 불구하고 대부분의 돈을 가족에게 보내며, 2년마다 갱신되는 고용 계약을 맺는다. 그들은 특별한 비자를 갖고 홍콩에 들어오고, 고용인들과 같은 집에서 살기를 요구받는다. 하지만 늘 그런 것은 아니다. 특히 작은 아파트에 사는 가족들은 돈을 지불하고 가정부가 다른 숙박시설에 머물도록 하는 편을 선호하기도 한다. 전통적인 휴일은 일요일이다. 이날은 억지로 일을 하는 일이 없도록 하기 위해 법적으로 집을 비우게 되어 있다. 일요일에는 그들도 옷을 차려입고 공공장소나 쇼핑몰에 모여 노래도 부르고 외식도 하고 수다도 떤다. 운전기사로 채용되는 필리핀 남성들도 늘어나고 있으며, 점점 많은 필리핀인들이 정원사, 음악가, 종업원으로 고용되고 있다.

【 성생활 】

중국인들은 동성애의 인정을 꺼려왔다. 1991년 홍콩에서는 남성 간의 동성연애가 합법화되었다. 반면 여성 간의 동성연애는 법적인 언급이 없었다. 그러다 2006년 합법적으로 동성 간 성관계를 할 수 있는 연령이 이성 간 성관계를 할 수 있는 연령과 마찬가지로 16세로 낮춰졌다. 대중적으로 동성애에는 여전히 오명이 따라붙고, 이는 중국인 동성애자의 경우 더욱 심하다. 동성애자 관광객들 역시 공공장소에서는 신중한 모습을 보이기를 권한다. 홍콩에는 많은 동성애자 커뮤니티, 동성애자 나이트클럽이 있다. 굉장히 활기차고 재미있으며, 전 세계 사람들이 자연스럽게 어울릴 수도 있기에 최근에는 동성애자 관광객들이 즐겨 찾는다.

일과 돈에 대한 가치관

19세기 영국과 미국의 기업가를 떠올려보자. 홍콩의 중국인들이 일과 돈을 대하는 사고방식은 그들과 비슷한 점이 많을 것이다. 일은 즐기는 것이 아니라 반드시 해야만 하는 것이다. 아무리 부지런한 중국인일지라도 일단 인센티브가 없으면 일의 능률이 떨어진다는 점은 흥미롭다. 중국에서 공산주의 체제가 가장 강화되었을 때 노동자들은 더 열심히 일할 동기를 찾지 못했다. 때문에 홍콩의 중국인들은 게으르다는 이유로 그런 본토 중국인들을 거부했고 홍콩에 흘러들어오는 것을 원치 않았다. 비슷하게도 홍콩의 공직은 너무 안정적이라 '철밥통'으로 알려져 있다. 물론 대부분의 공무원은 성실하지만, 몇몇은 전력을 다해 일하지 않고 시간만 때우기도 한다. 사업의 경우는 실질적인 일과 보상이 바로 직결되기 때문에 달라진다.

일은 필수적인 것이며 평생의 시간과 에너지를 쏟아야만 한다. 광둥어로 '출근하다'라는 말의 의미가 '일터로 돌아가다'라는 것만 봐도 홍콩인에게 일이란 당연한 것이라는 사실을 알 수 있다. 아침 일찍 사무실에 전화를 걸었는데 당신이 찾는 사람이 아직 출근하지 않았다면, 당신은 이런 말을 듣게 될 것이다. "그분이 아직 돌아오지 않았네요."

열심히 일했다면 돈을 벌게 될 것이고, 돈은 가장 중요한 것이다. 건강과 가족 역시 무척 중요하지만, 그것들은 어느 정도 외부적인 요인에 좌우된다. 반면 홍콩 같은 나라에서 돈은 손만 뻗으면 잡을 수 있다.

돈이 있으면 자유와 선택권을 가질 수 있지만, 그게 아니더라도 돈은 그 자체로 굉장히 중요하다. 게다가 그 부를 축적한 가족의 지위와 중요성까지 보여주는 수단이 될 수 있다. 홍콩에서 돈은 모두의 사랑을 받기에, 춘절에 하는 덕담 역시 돈을 많이 벌라거나 사업에 성공하라는 것 위주다. 그러므로 가족 구성원들의 임무는 최대한 많은 돈을 버는 것이다. 그 돈은 미래를 위해 투자하거나 그 자체로 지위의 상징이 되기도 하는 교육에 쓸 수도 있고, 지위를 명확히 보여주는 값비싼 물건이나 자동차, 좋은 옷, 보석 같은 것을 사는 데 쓸 수도 있다.

홍콩인들은 돈은 가족을 위해 써야 하며, 투자와 사업에 사용되어야 한다고 굳게 믿고 있다. 돈이 아주 풍족하다면 기부를 할 수도 있는데 이 역시 가족의 사회적 지위를 높여주는 것이라 할 수 있다. 기부금의 출처가 공공연하게 알려질

것이기 때문이다. 예를 들어 병원 병동이나 학교 강당을 짓는 데 기부를 하면 대개 기증자의 이름을 새겨준다. 춘절(그리고 생일)에 빨간 봉투, 즉 라이씨를 나눠주는 것도 행운을 가져오는 행위라고 생각한다.

　다만 외부의 관점에서 볼 때 유일하게 이례적인 지출은 도박에 돈을 쓰는 것이다. 물론 큰돈을 벌 수도 있지만 대부분은 결과가 좋지 않기에 투자를 목적으로 도박에 돈을 쓰는 것은 어리석다. 그러나 부자나 가난한 사람이나 할 것 없이 이들이 매년 도박에 쏟아붓는 돈이 어마어마하며, 행운을 잡은 사람들의 신화 같은 이야기도 널리 알려져 있다. 중국인들이 도박을 너무 좋아해서 홍콩에서의 도박은 경마 클럽만 합법이다. 결과적으로 홍콩인은 마카오에 있는 카지노에 가기 위해 마카오 관광을 즐긴다.

계층과 지위

홍콩은 빈부의 격차가 가장 큰 곳 중 하나이며, 일부 주거 지역은 소득이 적은 사람들은 꿈도 못 꿀 정도로 집값이 비싸다. 부동산 개발이나 도시 리뉴얼 문제로 부유층과 빈곤층이 맞대고 사는 지역도 많다. 홍콩인들은 자신의 사업에만 관심이 많은 평화로운 사람들이기 때문에 계층 간의 갈등은 전혀 없다. 이렇게 복잡하고 좁은 도시에서는 서로서로 어깨를 맞대고 살아갈 수밖에 없다. 홍콩인들은 열심히 일하고 돈을 버는 데만 집중하고 싶어 하기에, 상대적으로 범죄율이 낮은 곳에서 살면 공포, 편견, 상대를 향한 반감 같은 감정을 겨지 않아도 된다.

중국인의 우월감은 다른 인종을 대할 때 두드러진다. 일반적이지는 않지만, 필리핀이나 인도 노동자들이 무례한 대우를 받는 광경을 종종 목격할 수 있다. 하지만 광둥어를 말할 줄 아는 외국 노동자들이 늘어나서 이런 사고가 일어날 가능성도 점점 줄고 있다.

외국인에 대한 태도

대체로 홍콩인들은 상대를 향한 반감을 대놓고 표현하지 않으며, 문제를 일으킬 것 같은 사람과는 접촉 자체를 꺼리고 못 본 척하는 경향이 있다. 영국의 통치를 받았기 때문에 외국인, 특히 서양인을 편하게 받아들이지만, 가끔 강한 호기심을 드러낼 때도 있다.

외국에서 출생한 중국인에 대한 태도는 훨씬 복잡하다. 가끔은 서양 국가에서 온 중국인들이 다른 외국인보다 더 '다른 존재' 취급을 받는다며 불만을 토로할 때가 있다. 한편 중국 본토에서 온 관광객들은 홍콩인에 비해 시끄럽고 강압적이며 눈에 띄는 경향이 많다. 가끔 가게 종업원이 중국인을 무시하는 모습도 볼 수 있는데, 이는 홍콩인과 본토 중국인 사이의 첨예한 사회문화적 차이를 반영하는 것이다.

일반적으로 아시아 내에는 인종과 피부색을 바탕으로 한 계급의식 같은 것이 있다. 하지만 이것이 일상생활에 영향을 주는 일은 거의 없다. 대신 앞서 언급했듯이 가정부들은 때때로 인종적인 편견을 경험할 수 있을지도 모른다.

03

문화와 전통

오랫동안 풍수가 많은 영향을 끼쳤기에 홍콩인은 생활 공간, 작업 공간 등 모든 곳에서 풍수에 민감하다. 풍수는 이 건물이 다른 건물이나 자연 지물과 얼마나 근접해 있는가 하는 문제뿐만 아니라 건물의 모양과 재료, 방의 형태, 문이나 창문의 위치, 가구, 꽃이나 장신구를 두어야 하는 위치까지 챙겨야 한다. 그 모든 것이 행운과 관계가 있기 때문이다.

종교

【 중국식 절 】

대부분의 현대 자본주의 도시와 마찬가지로 홍콩에서 종교는 사람들의 삶에 큰 부분을 차지하지 않는다. 절은 명목상 불교와 관련된 것이지만, 다른 다양한 신을 그곳에서 모시기도 한다. 도교적 요소 또한 강하게 접목되어 있다. 6세기에 불교가 중국 전역에 전파되기 전에는 지역마다 인기 있는 현지 신이나 여신이 있었다. 더 강력한 힘을 가진 신에게만 기도를 드려야 한다는 개념이 없기 때문에, 이런 지역 신들도 부처와 함께 절에서 모신다.

홍콩에서는 틴하우라는 여신이 가장 인기가 많다. 틴하우는 바다의 여신으로 특히 뱃사람과 어부의 안전을 수호해주는 역할을 한다. 틴하우는 어부의 딸이었으나 납치되어 먼 바다로 잡혀갔다고 한다. 태풍이 불자 그녀는 바다를 잠잠하게 가라앉히고 선원들을 구했다. 섹오나 외딴 섬처럼 오래된 어촌 지역에 특히 틴하우 사원이 많이 남아 있다.

또 인기 있는 신으로는 자비의 여신, 관음이 있다. 문제가 있는 사람이라면 누구나 관음에게 소원을 비는데, 복권이 발행되는 날마다 당첨을 바라며 관음을 찾아 절에 오는 사람들이 흔히 있다. 리펄스베이에는 아주 큰 관음과 틴하우 조각상이 있어서 수많은 지역민과 관광객들이 찾아온다.

가장 오래된 어촌 마을 중 하나인 청차우섬에서는 물의 신이자 북쪽의 신인 페이티를 숭배한다. 페이티 역시 폭풍우를 잠재우고 풍어를 불러오기에 어부들이 믿는 대상이다.

중국의 다른 지역과 달리 홍콩에서는 사람들의 종교 의식 때문에 충돌이 일어난 적이 없다. 2차 세계대전 후 중국의 수많은 종교 단체가 홍콩에 정착했고 아직도 몇몇은 그대로 남아 있다. 불교와 기독교 사원들은 신제, 특히 란타우섬에 많이 지어졌다. 그 섬에는 커다란 불교도 마을이 있으며, 1995년

에는 세계에서 가장 큰 불상이 세워져 유명한 성지 순례 장소가 되기도 했다. 다만 엄숙한 행사가 열리는 곳이 아니라 아름다운 경치를 배경으로 즐거운 하루를 보낼 수 있는 장소로 볼 수 있다. 사원에는 큰 절도 있고 기념품 가게도 여럿 있으며 합리적인 가격의 채식 식사도 제공한다. 일반적인 홍콩인이라면 굳이 한 끼 식사로 채식을 선택하지는 않겠지만, 이걸 먹으면 좋은 일이 생길 수도 있다는 기대감으로 먹을 수는 있다. 게다가 여기에는 고기 맛을 흉내 낸 큼직한 버섯과 양념한 두부도 들어 있다. 홍콩인은 명목상 불교도일지 모르겠지만, 독실한 불교도라서 동물에서 나온 것은 일체 먹지 않는 비건을

제외하고는 채식주의자와는 거리가 멀다. 홍콩을 방문한 많은 채식주의자들도 이 사실을 알고 많이 놀란다.

중국의 절은 세속적이다. 누구나 둘러볼 수 있으며, 건물 내부에 들어가기 전에 신발을 벗는 것 말고는 딱히 지켜야 할 규칙도 없다. 반드시 조용히 해야 하는 것도 아니다. 동물들도 아무 제약 없이 절을 드나든다. 향에서 나오는 연기 외에는 성스러움, 엄숙함, 신비주의를 느낄 만한 요소가 없다. 참배자들은 대부분 한 무더기의 향에 불을 붙이고, 자신이 선택한 신 앞에 놓여 있는 모래로 가득 찬 통에 향을 꽂고는 최대한 조용하게 기도를 올린다. 큰 절에는 점을 치는 도구도 있다. 기다란 대나무 조각이 가득 들어 있는 원통형 상자로 당신의 미래를 점친다. 대나무 조각에는 숫자가 적혀 있다. 점을 치고 싶은 사람이 그 상자를 계속해서 흔들면, 대나무 조각 하나가 상자 밖으로 튀어나온다. 그 대나무를 해석해주는 승려에게 가져가면, 승려는 숫자마다 어떤 의미가 있는지 풀이되어 있는 책을 보고 알려준다.

【 종교, 철학 혹은 미신? 】

비록 홍콩인들의 삶에 종교가 큰 부분을 차지하지는 않더라도 불교, 도교, 유교적 요소와 함께 진화한 일반적인 생활 철학은 전통적으로 사람들에게 버팀목이 되어 왔다. 인체와 자연에 대한 전체론적인 접근 역시 대부분 사람들의 인식에 기본적으로 깔려 있다. 전통 의학, 운동, 식이에서는 에너지의 흐름, 즉 기라는 개념이 기본적으로 깔려 있다.

홍콩인에게는 종교는 없고, 운세만 있을 뿐이라는 말도 있다. 특히 사업이나 돈과 관련해서 미신이라고 할 수 있는 유사 종교적 관행이 만연해 있다. 홍콩의 길거리를 걷다 보면 출입구를 커다란 꽃이나 리본 장식으로 꾸며놓은 것을 볼 수 있을 것이다. 이는 그 건물에 새로운 가게가 개업을 했다는 의미다. 빨강이나 분홍 리본에는 새로 문을 연 식당이나 가게에 대한 바람이 새겨져 있다.

사업주라면 개업을 하기 전에 미리 해야 할 일이 많을 것이다. 전문가가 건물과 사업장 내부의 풍수를 진단하고 승인을 해야 하기 때문이다. 가구나 장식도 그들의 추천에 따라 선택해서 위치를 잡는다. 사업 번창을 위해 점술가의 예언을 듣기도 한다. 돈을 더 많이 벌 수 있는 특정한 해가 있으며, 당신이 태어난 해와 현재의 날짜 사이에도 고려해야 할 관계가 있다. 숫자 역시 중요하다. 전화번호나 자동차번호가 불길해도 사업에 영향을 줄 수 있다. 아마 전통을 따르는 사업가라면 사업을 위해 절에 기부를 하거나 큰 불상을 방문할 것이다.

【 그외종교 】

홍콩에는 활발히 활동 중인 기독교 교회와 재단이 여럿 있다. 과거 본토 중국에서 보여준 종교적 편협함 때문에, 1950년 이후 몇몇 선교단과 종교 단체가 홍콩으로 자리를 옮겼다. 게다가 기독교 학교와 병원도 만들어져, 홍콩인들은 상대적으로 저렴한 가격에 좋은 교육과 의술을 제공받을 수 있었다. 이 학

교들은 아직도 그 지역에서 최고로 여겨진다.

인구의 10% 정도는 기독교 교회에 다닌다. 영국 성공회는 홍콩 센트럴에 있는 대성당, 주룽의 크라이스트처치, 그 외 여러 교회를 중심으로 활동한다. 필리핀 노동자의 수가 증가함에 따라 그 수가 급격하게 늘고 있는 가톨릭교는 주로 성공회 교회 근처에 성당을 지었으며, 현재 홍콩 전역에 50여 개의 성당이 있다.

침례교 역시 교회, 학교, 병원뿐만 아니라 주룽 지역에 대학교를 설립한 것으로 유명하다. 제7일안식일예수재림교 또한 교회뿐만 아니라 대학과 병원 2개를 가지고 있다. 예수그리스도후기성도교회도 교인이 많다.

이슬람교 역시 대표적인 종교로 모스크가 6개 있다. 홍콩 내 무슬림 커뮤니티 인구는 30만 명이 넘는다. 반 이상은 중국인이며 파키스탄, 인도네시아, 말레이시아에서 온 사람들로 이루어져 있다.

반환 이후에 종교적인 자유는 계속 번성해왔다. 석가탄신일이 공휴일로 지정된 것 역시 정부와 종교 단체의 관계 발전으로 평가하고 있다. 모든 종교의 선교사는 아무런 제한 없이 활동할 수 있으며, 종교 자선 단체 또한 열심히 활동하고 있다.

풍수

풍수는 말 그대로 '바람, 물'로 해석할 수 있으며, 사람과 자연은 조화를 이루며 살아야 한다는 기본 원리를 바탕으로 하고 있다. 보통 집, 일터, 절을 어디에 지을지 결정할 때 풍수를 이용한다. 중국인들은 나침반을 항해가 아니라 풍수 때문에 발명했다.

홍콩은 이런 4,000년 전통의 철학을 볼 수 있는 최적의 장소다. 본토 중국 정부는 공산주의 국가를 위해 열심히 일하려는 의지를 꺾는 '아편 같은 존재'를 금지시키기 위해 풍수라는 관습도 불법화했다. 본토에서는 아직도 풍수를 미신으로 여기며 공식적으로 금지하고 있다. 하지만 홍콩에서는 풍수가 융성했고 여전히 그러하다. 홍콩에만 풍수 전문가가 1만 명은 있으며, 그들 대부분이 부와 명예를 얻었다. 텔레비전에 정기적으로 얼굴을 비추거나 지역 유명 인사로 활동하면서 인기와 지위를 얻은 사람도 많다.

오랫동안 풍수가 많은 영향을 끼쳤기에 홍콩인은 생활 공간, 작업 공간 등 모든 곳에서 풍수에 민감하다. 뒤쪽으로 차가운 바람에 노출되거나 앞쪽에 언덕이 있고 움푹 파진 곳에 지어진 집보다는, 집 뒤쪽으로 (위험을 막아주는) 나무가 우거진 언덕이 있고 (볕이 잘 들고 바람이 잘 통하게) 남쪽을 향해 펼쳐진 전망으로 물이 보이면 중국인뿐만 아니라 누구에게라도 이상적인 집이라고 할 수 있다. 강이나 연못이 있으면 농사를 짓기도 편하고 물고기나 오리를 키우기에도 좋으니 부도 늘릴 수 있기 때문이다. 신제의 마을들은 아직도 뒤편에 바람이나 산사태를 막아줄 숲을 두고 있다. 물론 홍콩의 부동산 개발업자가 아니더라도 집을 지을 때 이 정도는 따질 것이다. 하지만 풍수는 이것보다 훨씬 더 깊숙이 관여한다. 이 건물이 다른 건물이나 자연 지물과 얼마나 근접해 있는가 하는 문제뿐만 아니라 건물의 모양과 재료, 방의 형태, 문이나 창문의 위치, 가구, 꽃이나 장신구를 두어야 하는 위치까지 챙겨야 한다. 그 모든 것이 행운과 관계가 있기 때문이다.

홍콩에서는 풍수가 널리 행해지고 있으며 풍수 전문가는 늘 수요가 많고 보수도 굉장하다. 슬쩍 보기만 해도 홍콩의 수많은 건물이 '배산임수'라는 기본적인 요구 조건을 충족시킨다는 것을 알 수 있다. 홍콩섬 피크의 가파른 비탈, 주룽과 신제의 언덕들이 모두 그런 역할을 하고 있다. 하지만 다른 어떤 도시와도 비교할 수 없을 만큼 건물들이 밀집된 곳 또한 발견할 수 있다. 당연히 이 건물들은 상서로운 위치에 세워진 것이 아니며, 그래서 자신의 행운을 극대화하려는 사람들의 필요에 맞게 풍수의 기본 원리를 최대한 확대시켜 적용한다.

• 세계에서 가장 비싼 나무? •

풍수에서는 언덕이나 강뿐만 아니라 나무도 중요한 보호물 역할을 한다. 홍콩의 부동산 개발업체인 스와이어프로퍼티스는 애드미럴티 지하철역 위에 대형 쇼핑몰 퍼시픽플레이스를 지으려고 할 때, 개발 예정지 한가운데에 130년 된 반얀나무가 튼튼하게 뿌리를 내리고 있는 걸 발견했다. 스와이어프로퍼티스는 무슨 수를 쓰든 그 나무를 보존하겠다고 약속했고, 그 결과 나무 주변에 '콘크리트 화분'을 만드는 데 2,400만 홍콩달러(약 300만 달러)를 들였다. 나무를 관리하는 직원이 들인 시간은 계산조차 할 수 없다.

현대적인 상업 지구인 센트럴은 풍수 전문가에 의해 적절하게 관리되고 있지만, 원래 영국 무역 지구가 있던 곳은 그다지 좋은 곳이 아니었다. 평지에 세워진데다 모기가 득실거리는 늪지였기 때문에 '해피밸리'라는 이름은 어울리지 않았다. 19세기 중반에 그곳에서 말라리아가 발생하자, 그곳에 살던 중국인들은 불길한 풍수를 탓했다. 결국 사업체들은 몇 킬로미터 아래 더 운이 좋은 곳으로 자리를 옮겼다.

센트럴 지역은 대부분의 은행과 명망 있는 회사들이 본사를 둔 곳인데, 이곳은 용의 정맥에 해당되는 자리라 어마어마한 행운과 부를 가져온다고 한다. 홍콩상하이은행은 건물을 지을 때 이 행운의 정맥을 최대한 이용하기 위해 많은 공을 들였다. 건물 형태는 웃고 있는 부처의 모습을 따랐고, 광장과 지하주차장을 만들어 은행에서 (돈을 상징하는) 항구가 훤히 보이게 했다. 업무용 건물에 들어가기 위해 방문객들이 타는 에스컬레이터가 이상하게 꺾여 있는 것 역시 풍수 때문이다.

홍콩은행에서 오르막을 오르면 또 다른 정맥 위에 이오밍 페이가 설계한 중국은행이 있다. 하지만 건물의 설계는 풍수 전문가의 조언을 따르지 않았다. 삼각형을 기본으로 한 설계는 풍수적으로 상서롭지 않기에 은행 주변 건물이 해를 입을 거라고 보았다. 특히 뾰족한 모서리가 정확하게 총독 관저와 당시 홍콩 정부 쪽을 향하고 있었다. 그 모서리는 홍콩 행정부의 심장을 겨냥한 단검으로 여겨졌다. 중국은행이 들어서기 전에 총독 관저는 풍수적으로 좋은 위치에 지어졌었다. 영국 통치기에도 풍수를 고려한 것일까?

중국은행의 다른 쪽 모서리는 전 입법회 건물, 현 종심법원을 가리킨다. 그것만으로는 부족했는지 건물 꼭대기에는 툭 튀어나온 기둥 두 개가 하늘을 가리키고 있는데, 마치 죽은 자를 기리기 위해 피우는 향과 꼭 닮았다.

색채 조합, 가구 배치 등으로 나쁜 운을 막을 수 있다. 집이나 직장을 옮기는 것은 최후의 수단으로 취하는 방법이다.

홍콩에 자리 잡은 다국적 기업들도 결국 풍수 신봉자들의 강한 믿음에 굴복하고 만다. 예를 들어 막스앤스펜서가 처음 홍콩에 왔을 때는 매출이 좋지 않았다. 하지만 풍수 전문가가 제안한 대로 조명을 바꾸고 나무 거북이, 어항 등을 두자 판매량이 늘었다. 주룽에 있는 맥도날드 지점도 피라냐 수족관이 있다는 걸로 유명해져서 매출이 늘었다.

홍콩관광협회는 풍수를 가장 여실히 보여주는 랜드마크를 돌아보는 풍수 투어를 만들기도 했다.

【 거울과 물 】

다행히도 이웃한 건물이나 다른 불길한 물건으로부터 당신을 보호할 간단한 방법이 있다. 조그만 팔괘 모양의 거울을 달아 두기만 하면 되니까 돈도 많이 들지 않는다. 이 거울은 나쁜 기운을 반사시켜서 그 기운을 내뿜는 곳으로 다시 보내는 역할을 한다. 사악한 존재는 거울에 비친 자기 모습을 보고 달아난다는 원리다. 반면 바다나 물이 팔괘 거울에 비치면 재산을 늘릴 수 있다. 물이 돈을 뜻하기 때문에 대부분의 은행이나 회사는 건물 어딘가에 인공 폭포나 연못을 만들어 놓거나 하다 못해 로비에 어항이라도 둔다.

수비학

숫자는 언제나 학자들의 마음을 사로잡았지만, 중국 수비학은 특히나 복잡하고 미묘하며 풍수와 관련이 있다. 개인 수비학은 보통 태어난 날짜를 기본으로 하지만, 숫자는 일상생활에서 다양한 방식으로 나타나며, 그 모든 숫자가 삶에서 중요한 의미를 가진다.

홍콩 방문객들이 직접 경험할 수도 있는 수비학은 숫자를 읽었을 때의 광둥어 발음과 관련이 있다. 예를 들면, 이(2)는 '쉽다'라는 뜻의 단어와 비슷하게 들린다. 삼(3)은 '살아 있다' 또는 '일생'이라는 뜻의 단어와 비슷하게 들린다. 세이(4)는 '죽음'이라는 단어, 밧(8)은 '돈을 벌다'라는 단어, 삽삼(13)은 '확실한 삶'이라는 단어와 발음이 비슷하다.

같은 의미에서 24는 '죽기 쉽다'와 발음이 비슷해서 불길하게 여겨지며, 28은 '쉽게 돈을 번다'와 발음이 비슷해서 운이 좋은 숫자로 여긴다. 138은 '평생 동안 돈을 번다', 168은 '영원히 돈을 번다'처럼 들리기 때문에 이 숫자를 지니고 있으면 행운이 찾아온다.

십이지

서양의 점성술과 마찬가지로 중국에서도 사람을 열두 가지 타입으로 나누며, 그 안에서 더 다양하게 세분화된다. 중국의 체계는 태어난 연월일에 초점을 맞추는 대신, 태어난 해에만 집중한다. 각각의 해는 동물의 이름을 붙이며, 양력 1월 1일이 아닌 음력 1월 1일에 시작된다. 각각의 동물은 특징이 있으며 이는 막연히 예상하는 내용과 다를 수 있다.

【 열두 가지 동물 】

서양 점성술과 마찬가지로 이 십이지의 기원도 명확히 알 수 없지만 대신 흥미로운 전설이 있다.

지루함을 느끼던 옥황상제는 땅에 사는 동물들의 대표를 불러보기로 했다. 옥황상제의 심부름꾼은 하늘까지 경주를 하여 가장 먼저 도착한 열두 마리의 동물에게 큰 상을 주겠다는 옥황상제의 명을 전했다.

가장 먼저 초대받은 것은 친한 친구 사이였던 고양이와 쥐였다. 고양이는 경주를 하기 전에 낮잠을 자기로 하고는 친구인 쥐에게 제때 깨워달라고 부탁했다. 하지만 쥐는 고양이를 깨우지 않았고, 그래서 둘은 철천지원수가 되었다. 또 다른 열 마리의 동물도 경주에 초대되었다. 소, 호랑이, 토끼, 용, 뱀, 말, 양, 원숭이, 닭 그리고 개였다. 그들은 때맞춰 옥황상제의 궁전 앞에 도착했다. 옥황상제는 도착한 동물이 열한 마리밖에 없다는 걸 알고 심부름꾼을 다시 땅으로 보냈다. 심부름꾼은 가장 처음 발견한 돼지를 데리고 돌아왔다. 그리하여 돼지가 열두 마리에 속하게 되었다.

뽐내기를 좋아하던 쥐는 소의 등에 뛰어올라가 피리를 불었다. 감명을 받은 옥황상제는 쥐에게 1등 자리를 주었고 참을성 많은 소에게 2등 자리를 주었다. 호랑이에게는 용맹함이 마음에 든다며 3등 자리를 주었으며 토끼, 용, 뱀, 말, 양, 원숭이, 닭, 개 그리고 돼지 순으로 등수를 매겼다. 그리하여 12년마다 십이지 중 가장 똘똘한 쥐부터 새로운 순환 주기가 시작된다.

각 해에 태어난 사람들은 대략 다음과 같은 특징이 있다.

쥐: 똑똑하다, 매력적이다, 창의적이다, 다만 다른 꿍꿍이가 있을 수 있다.

소: 솔직하다, 친절하다, 참을성이 많다, 다만 둔할 수 있다.

호랑이: 용맹하다, 충직하다, 지조 있다, 다만 비판적일 수 있다.

토끼: 외교적이다, 평화주의자다, 직관적이다, 다만 우유부단할 수 있다.

용: 매력적이다, 역동적이다, 운이 좋다, 다만 편협할 수 있다.

뱀: 우아하다, 자립적이다, 통찰력이 있다, 다만 고집이 셀 수 있다.

말: 열정적이다, 융통성이 있다, 발랄하다, 다만 참을성이 없을 수 있다.

양: 창의적이다, 세심하다, 상상력이 풍부하다, 다만 무책임할 수 있다.

원숭이: 독립적이다, 사회적이다, 기민하다, 다만 영악할 수 있다.

닭: 화려하다, 친절하다, 쾌활하다, 다만 자만심이 많을 수 있다.

개: 인정이 많다, 관대하다, 이상적이다, 다만 걱정이 많을 수 있다.

돼지: 태평하다, 동정심이 많다, 감각적이다, 다만 낭비벽이 많을 수 있다.

춘절은 매년 날짜가 다르기에 1월과 2월생인 사람은 특별한 기준이 없으면 자신이 무슨 띠인지 계산하기 어려울 수도 있다. 하지만 대부분은 1900년이 쥐의 해였으며 12년 주기로 변한다는 걸 기억하면 자신의 띠를 알 수 있다.

중국의 십이지는 오행, 즉 흙, 불, 물, 쇠, 나무와 결합하여 각각의 해에 부가적인 이름이 붙는다. 그래서 똑같은 조합은 60년마다 한 번씩 반복된다. 1966년은 불과 말의 해이며, 이때 태어난 아이는 거칠고 길들여지지 않는다고 생각한다. 그래서 홍콩에서는 그해 출산율이 1960년대의 다른 해에 비해 현저하게 낮았다.

태극권과 기공

당신이 일찍 일어나는 타입이라면, 오전 6시에 많은 사람이 밖에 돌아다니는 걸 발견할지도 모른다. 그들은 주로 노인들로 공원이나 개방된 공간에서 태극권이라는 고대 기예를 연습한다. 태극권은 신체의 안정성을 강조하며, 쿵푸 영화에 나오는 힘든 발차기 같은 것과는 관계가 없다. ('위대한 궁극'이라는 뜻의) 태극은 온화하고 부드럽다. 집중해서 천천히 움직이는 동작들을 보고 있으면 최면에 걸리는 듯한 기분이 들 수도 있다. 태극권은 마치 흐르는 물과 같아서 단단하고 고정된 것을 만나면 휘어지고 약하고 불안한 것은 쓸어서 없애버린다.

기는 모든 살아 있는 것 속에 흐르는 에너지며, '산 것과 죽
은 것을 구분 짓는 것'으로 정의되기도 한다. 기의 흐름이 막
혀 있거나 약하고 균형이 깨져 있으면 신체적으로, 정신적으
로 또는 영적으로 아프게 된다. 기공은 '기의 일'을 의미하며
기와 관련된 모든 훈련과 행위를 두고 두루두루 쓰인다. 기는
몸 밖에서부터 안쪽으로 작용하기 때문에, 신체적인 운동을
하고 나면 몸의 내부도 더 건강해지는 느낌이 들어 결국 신체
와 정신이 모두 건강해진다. 기공은 '목적지가 아니라 목적에
다다르는 길'이기 때문에 건강하고 균형 잡힌 삶을 위해서는
매일 규칙적으로 운동을 해야 한다.

휴일과 축제

홍콩의 직장인에게는 1년에 12일간의 법정 공휴일이 주어지며, 그 외에도 몇 번의 기념일이 있다.

법정 공휴일 외에 몇몇의 휴일은 회사의 자유재량에 달렸다. 휴일이 토요일이면 그대로 토요일에 휴일을 주지만, 휴일이 일요일이면 정부 지침에 따라 다음 날인 월요일을 휴일로 지정하는 경우가 많다. 만약 휴일이 겹치면(예를 들어 성금요일과 부활절 이튿날, 청명절) 정부의 지침에 따라 근무일을 추가로 휴일로 지정한다.

공휴일	
1월 1일	새해
1월/2월	춘절 3일
3월/4월	청명절 부활절 금요일부터 월요일까지
5월 1일	노동절
5월	석가탄신일
7월 1일	홍콩 특별행정구 설립기념일
9월	중추절 다음 날
10월 1일	국경절
10월	중양절
12월	동지 또는 크리스마스

【 춘절 】

단연코 가장 중요한 축제는 봄의 시작을 알리는 음력 설, 바로 춘절이다. 이때는 대부분의 사람들이 3일 이상 휴식을 가지며, 음식점을 포함해 은행이나 회사도 완전히 문을 닫는다. 중국의 춘절은 매년 날짜가 달라지지만 1월 중순과 2월 중순 사이 음력 1월 1일부터 3일 동안 이어진다고 보면 된다.

홍콩에서는 새해에 처음 만나는 사람이 당신에게 행운을 가져다준다고 믿는다. 또한 붉은색 옷을 입으면 운이 더 좋다고 여기며, 붉은 새도 길조로 생각한다.

연휴의 첫날과 둘째 날은 가족이 다 같이 모이는 시간이라서 거리도 한산해진다. 전통적으로 춘절은 하늘과 땅 그리고 가족에게 감사를 드리는 날이기 때문에 가족 모임은 필수다. 춘절은 살아 있는 가족 구성원들과 조상들이 함께하는 날이라는 점에서 의미가 깊다. 홍콩인은 조상이 현재의 가족을 있게 해준 기반이라고 생각하며, 조상의 영혼이 가족과 언제나 함께한다고 믿는다. 그래서 춘절 전날에는 조상을 기리는 특별한 저녁을 보낸다. 연휴 셋째 날에는 가족과 함께하지 않아도 되기 때문에 집 밖에서 즐거운 시간을 가진다.

춘절은 낡은 것은 벗어던지고 새로운 것을 받아들임을 상

징한다. 한 해가 가기 전에 빚은 모두 갚고 집도 깨끗하게 청소해야 한다. 새해 첫날에 청소를 하면 모든 행운과 재물을 다 쓸어내게 된다고 믿는다. 춘절 전날 자정 정각에는 집에서 모든 문과 창문을 열고 낡은 한 해를 떠나보내야 한다. 그리고 폭죽과 불꽃놀이로 새해를 환영한다.

새해 첫날 일어나는 일이 일 년 내내 이어질 거라는 믿음이 있기 때문에 긍정적인 말을 하고 많이 웃는 것이 좋으며, 다투고 울고 과거에 연연하는 것은 피한다. 결혼하지 않은 미혼자나 어린이, 젊은이는 친척에게 라이씨를 받는다. 라이씨라는 빨간 봉투에는 많은 재물을 벌라는 뜻에서 빳빳한 신권이 들어 있다. 한 가족의 가장이나 지역 사회의 중심인물은 이 빨간 봉투를 수십 개 준비해서 행운을 널리 나눠준다.

춘절 기간에는 일 년 중 다른 어떤 날보다 음식 소비도 많을 것이다. 새해 첫날 중국 가족은 자이라는 채소 요리를 먹는다. 단란함과 풍요를 상징하는 통생선, 번영을 상징하는 통닭도 먹는다. 면 요리는 장수를 상징하기 때문에 끊어서 먹으면 안 된다. 광둥 지역에서는 찹쌀로 만든 달콤한 디저트도 매우 인기가 많으며, 깨 앙금을 채운 동그란 경단인 탕위안 역시 가족의 단란함을 상징하기에 춘절에 꼭 먹는다.

【 청명절과 중양절 】

무덤을 청소하는 날 또는 봄 추도일이라고도 알려진 청명은 음력 3월에 있다. 중국인 가족들은 조상의 묘를 방문해 잡초를 뽑고, 주변을 청소하고, 향에 불을 붙이고, 술과 과일을 올린다. 이날은 엄숙한 기념일보다는 소풍 느낌이 강하며, 조상을 기리는 날로는 가장 널리 알려진 기념일이다.

6개월 후인 중양절은 가을 추도일이며 청명절과 매우 흡사하다. 이날은 전통적으로 높은 언덕에 올라가는 것이 좋다고 알려져 있는데, 이는 중양절에 대한 전설과 관련이 있다. 옛날에 어떤 남자가 음력 9월 9일에 가족들을 데리고 높은 곳으로

올라가라는 이야기를 들었다. 그가 산에 갔다가 돌아왔을 때
는 온 마을이 적에 의해 초토화되어 있었다고 한다.

【 석가탄신일 】

불교도는 불상을 씻으며 자신의 신앙심을 보여주며 채식을 한
다. 홍콩의 유명한 절과 사원에서는 축하 행사를 연다.

【 청차우 빵 축제 】

홍콩에만 있는 특별한 날이다. 음력 4월 보름, 대개 5월에 열린
다. 오래된 어촌 마을인 청차우섬에 사는 사람들은 팍타이 사
원 근처에 거대한 대나무 탑을 세운다. 탑에는 달콤한 빵과 세

가지 신의 형상을 표현한 인형을 같이 매단다. 3일 동안 청차우섬 사람들은 채식을 한다. 마지막 날에는 화려한 옷을 입은 사람들과 잘 차려입은 아이들이 어른들이 들고 있는 조그만 의자에 앉은 채로 행진한다. 그러면 마치 기다란 장대 위에 아이들이 서 있는 것처럼 보인다. 원래는 사원으로 가서 아이들이 탑에 올라가 빵을 뜯어내는 풍습이 있었지만, 지금은 안전상의 이유로 중단되었다. 이제는 종교 의식이 끝나고 나면 빵을 질서 정연하게 나누어준다.

【 투엔응 축제 】

1976년부터 시작되었으며, 지금은 용선축제라는 이름으로 더 잘 알려져 있다. 세계 각지에서 100개가 넘는 팀들이 이 축제에 참여하기 위해 홍콩에 온다. 홍콩인들만의 축제가 이제는 국제 경기가 되어버린 것이다. 주요 경기는 신계의 싱문강과 홍콩섬의 스탠리에서 열리며 다양한 해외 기업 팀들이 참가하는 것으로 유명하다. 큰 북소리에 맞춰 22개 또는 24개의 노가 기다랗고 정교하게 조각된 형형색색의 배를 움직인다. 모든 배에는 용의 머리와 꼬리가 달려 있다.

이 축제는 유명한 국민 영웅, 굴원을 기리기 위한 것으로, 굴원은 기원전 3세기에 부패한 정부에 맞서 투신자살한 인물이다. 당시 사람들이 물고기가 굴원의 시체를 먹지 못하게 하기 위해 그랬던 것처럼, 배에 탄 사람들은 북을 쳐서 물고기를 쫓아내고 경단을 바다에 던진다. 축제 중에 사

람들은 대나무 잎으로 싼 쌀과 고기 경단을 먹는다.

【 중추절 】

음력으로 8월 15일에는 또 한 번 가족들이 모인다. 이날은 중추절, 추석, 전등 축제 등으로 불린다. 보름달의 둥그런 모양은 다 함께 모인 일가족을 상징한다. 이 축제와 관련된 특별한 음식으로는 월병이 있는데, 달콤하고 묵직한 케이크 안에 설탕, 깨, 연밥, 호두 그리고 보름달을 떠올리게 하는 짭짤한 달걀노른자를 채워 넣은 과자다. 요즘에는 커스터드를 넣은 것, 얼린 것도 나오며, 속재료는 달걀 커스터드와 연밥을 넣은 전통적인 것부터 초콜릿, 망고, 치즈케이크처럼 현대적인 맛까지 다양하

다. 월병은 보통 가족들끼리 다양한 동물이나 탈 것 등의 모양을 한 종이 등을 들고 언덕에 모여 앉아 달을 보며 먹는다. 중추절 다음 날도 법정 공휴일이다. 보통 중추절 당일은 달을 보며 늦게까지 자지 않고 깨어 있는 게 전통이기 때문이다.

[금지 규정]

홍콩에는 어딜 가나 경고 표시가 많으며, 반드시 그 표시를 지켜야 한다. 돼지 그림에 붉은색 선을 그어놓은 동물 금지 표지판은 홍콩 지하철에 많이 붙어 있었지만 지금은 없어졌다. 알루미늄 풍선을 들고 지하철을 타면 안 되며, 역에서도 종종 이 사실을 고지한다. 헬륨이 채워진 미키마우스 풍선이 러시아워 때 터널 안을 떠다녀서 큰 혼잡이 일어난 적도 있다.

지하철뿐만 아니라 많은 공공장소나 관공서에서는 금연이기 때문에 담배를 피우기 전에 미리 확인하지 않으면 벌금을 물 수도 있다.

· 소소한 에티켓 ·

· 어디서나 이쑤시개를 흔히 볼 수 있으며 끼니 때마다 사용한다. 다른 사람의 눈을 피해 왼손으로 조심스럽게 입을 가리고 다른 한 손으로 이를 청소하는 게 예의다.

· 발바닥을 다른 사람에게 보이지 않는다. 의자나 열차 좌석에 발을 올리는 것은 매우 나쁜 태도다.

· 전통적인 중국인들은 왼손잡이 어린이에게도 젓가락으로 식사할 때는 오른손을 쓰라고 가르칠 것이다. 다 같이 둥근 탁자에 모여 앉아 식사를 해보면 그 이유를 알게 될 것이다.

· 젓가락을 밥그릇에 수직으로 꽂지 않는다. 이는 재가 담긴 그릇에 향을 꽂은 모습을 떠올리게 하므로 죽음을 연상시키며, 다른 사람을 위협할 때나 하는 행동이다.

· 명함이나 종이를 주고받을 때는 양손을 이용한다. 한 손만 쓰는 것은 무례하다고 여겨질 수도 있다.

· 어떤 회원제 클럽은 플립플롭처럼 발가락 사이에 끈을 끼워 신는 샌들을 신으면 출입할 수 없다. 스니커즈나 청바지, 옷깃 없는 티셔츠를 입으면 안

되는 클럽도 있다. 클럽에 특별한 규정이 없다고 해도 모임 자체에 드레스 코드가 있을 수 있으니 미리 확인하자.

· 결혼식에 초대를 받았다면 선물 대신 빨간 봉투, 즉 라이씨에 돈을 넣어 가는 것이 적절하다. 반드시 정해져 있는 것은 아니지만 액수는 당신이 먹는 식사비보다 많아야 한다. 돈을 받는 상대가 당신의 동료이거나 당신이 관리하는 사람이라면, 믿을 만한 동료에게 얼마 정도의 액수가 적당할지 물어보도록 하자.

· 초대나 선물은 한 차례 거절하는 것이 예의다. 거절했지만 또 권유할 때는 고맙게 받도록 한다.

· 애정이든 화든 '과한' 감정을 드러내는 행동은 눈살을 찌푸리게 한다.

· 흰색은 죽음의 색이며, 검은색과 흰색이 있는 것 역시 죽음을 떠올리게 한다. 파란색 또한 죽음에 대한 암시를 품고 있다. 빨간색은 홍콩인이 가장 좋아하는 색으로 축하, 행복, 사업의 시작, 결혼 발표 등 모든 좋은 일에 사용한다. 식민 정부 때는 오직 총독만 빨간 잉크를 쓰는 것이 허락되었다. 노란색은 행운과 부를 상징하는 색이며 제국의 색이었다.

04

친구 사귀기

홍콩의 중국인들은 일반적으로 예의가 바르고 친절하다. 또한 낯선 사람들에게 꾸밈없이 다가가며, 보통 만나자마자 어느 나라에서 왔는지 묻곤 한다. 근무 환경에서 만나거나 '친구의 친구'로 만났을 때는 특히 더 사귀기가 쉬울 것이다. 여러 사람이 함께 어울리는 걸 좋아하는 홍콩인들은 늘 즐거운 마음으로 새로운 멤버를 받아들인다.

홍콩은 작고 유대가 긴밀한 지역 사회다. 초등학교와 중학교에서 사귄 친구가 평생 중요한 역할을 하며, 종종 미래의 전문적인 인맥의 일부를 형성하기도 한다. 가족과 친척들 역시 인간관계에서 중요한 역할을 한다. 가족의 친구와 그들의 자녀 역시 똑같이 중요하게 생각한다. 이들은 모두 당신을 도와줄 사람이자, 당신에게 일자리를 줄 사람이며, 가족에게 위기가 닥쳤을 때 후원해줄 사람이므로 진짜 가족 구성원과 비슷한 충성과 존경을 받는다. 물론 좀 더 나이가 들어서 대학이나 직장에서 더 다양한 관계가 형성되기도 한다. 이때 관계를 맺은 이들과는 개인사보다는 관심사를 공유하게 된다. 어떤 경우에는 친한 친구 자녀의 대부모가 되면 경제적인 의무까지

짊어질 수 있다. 예를 들어, 어떤 사고가 발생하거나 고등학교 또는 대학교의 입학, 결혼 등과 같은 중요한 일이 닥쳤을 때 상당한 현금이나 선물을 지원해주어야 한다. 그러므로 대부모를 맡는 건 명예로운 일임이 분명하지만 경솔하게 선택할 일은 아니다.

사람 만나기

홍콩의 중국인들은 일반적으로 예의가 바르고 친절하다. 또한 낯선 사람들에게 꾸밈없이 다가가며, 보통 만나자마자 어느 나라에서 왔는지 묻곤 한다. 근무 환경에서 또는 '친구의 친구'로 만난 사람과는 특히 더 사귀기가 쉬울 것이다. 여러 사람이 함께 어울리는 걸 좋아하는 홍콩인들은 늘 즐거운 마음으로 새로운 멤버를 받아들인다. 많은 사람이 홍콩에서의 삶에 어떻게 적응해야 할지 몰라 도움을 필요로 하는 외국인들을 만나는 데 익숙하다.

　지인이나 회사 동료로부터 홍콩의 전통적인 회원제 클럽, 예를 들면 홍콩풋볼클럽, 홍콩컨트리클럽, 로열홍콩요트클럽

등에 식사 초대를 받는 건 흔한 일이다. 원래 이런 클럽은 외국인들이 만들었겠지만, 현재는 부유한 중국인 멤버의 수가 훨씬 더 많으며, 새로운 사람을 만나기에 좋은 장소가 되었다. 이곳에서 멤버들은 쉬고, 운동하고, 친구를 사귀고, 오락을 즐기고, 인맥을 만들고, 사업도 한다. 클럽은 식민지 시대의 양식을 엿볼 수 있는 편안한 환경에서 합리적인 가격으로 양질의 세계 음식을 제공한다. 자녀가 있는 멤버를 위한 스포츠 시설이나 게임룸도 있어서 부모와 자녀가 모두 친구를 사귀기에 최적의 공간이다.

일반적으로 홍콩인은 열심히 일하고 열심히 노는 걸로 유명하다. 또한 외부에 대한 관심과 자연에 대한 호기심이 많아

서 많은 사람이 야외 활동을 하거나 사교 단체에 참여한다. 도자기 만들기나 시 쓰기 같은 창의적인 취미뿐만 아니라 언어를 배우고 연습하는 모임, 독서 클럽, 하이킹과 사이클링 모임, 요가와 부트캠프 수업 같은 다양한 모임이 있다.

우정

좀 더 깊게 살펴보면, 젊은 홍콩인들은 수줍음을 많이 타며, 나이가 있거나 결혼한 홍콩인들은 다소 전통적인 고정관념에 얽매이는 경향이 있다. 그러므로 이미 외국인이 포함되어 있는 모임에 들어가는 편이 수월할 것이다. 그렇지 않다면 홍콩인들 모임에서 유일한 외국인이 되는 모험을 기꺼이 감수해야 한다. 이 경우에는 그들의 문화를 배우고자 하는 호기심과 의지가 있어야 할 것이다.

어느 정도 우정을 쌓으면 가족 모임에도 초대받을 수 있다. 모임은 집 밖에서 할 수도 있지만, 중추절처럼 가족의 의미가 중요한 명절에 집으로 초대될 수도 있다. 초대를 거절하는 것은 무례한 행동으로 여겨지므로 영광스럽게 받아들여야 한다.

홍콩인에게 좋은 인상을 심어주려면 중국식 예절을 따라하는 것이 좋다. 듣고 배우려는 의지를 갖고 겸손하고 공손한 태도를 취해야 하며 적절한 때에 상대의 친절함에 화답해야 한다. 호의를 갖고 상대를 도우려 하면 홍콩인에게 오래도록 좋은 기억으로 남을 것이다.

12인용 테이블?

홍콩의 중국인들에게 외식은 가장 좋아하는 사교 활동이다. 어떤 모임에 저녁식사 초대를 받았다면, 그 초대를 계기로 더 많은 초대를 받게 될 것이다. 일반적으로 '사람이 더 많을수록 더 즐거워진다'고 생각하기 때문에 보통 10~14명 정도의 회사 동료나 가족이 탁자에 둘러앉아 함께 식사를 한다. 중국 음식점의 테이블 역시 보통 이런 규모에 맞게 만들어져 있다. 참석자 수만큼 많은 요리를 주문하는 것이 관례라 다양한 음식 맛을 볼 수 있으며, 테이블 가운데에 둥근 회전판이 있어서 모든 사람이 골고루 음식을 즐길 수 있다. 딤섬은 장소에 따라 이른 아침부터 점심시간까지 주문 가능하다. 작은 지역 음식점은

아침 5시부터 문을 여는 반면, 고급 레스토랑은 오전 11시나 정오에도 문을 열지 않는 곳이 있다. 사업차 만나는 사람이나 신입 사원을 맞이하는 동료들이 점심식사로 딤섬을 먹는 것은 드문 일이 아니다.

홍콩에는 광둥, 쓰촨, 차오안 지역 음식을 파는 중국 음식점도 물론 있지만, 세계의 다양한 음식도 손쉽게 찾을 수 있다. 태국, 베트남, 일본, 한국 음식이 인기가 많으며, 이탈리아, 프랑스, 미국, 영국 등의 서양 고급 요리도 있다. 맨해튼 같은 도심에서 유행하는 팝업 레스토랑도 인기를 얻고 있다. 요리사나 음식점이 새로운 아이디어를 시험하며 특별한 메뉴를 제공하는 팝업 레스토랑은 몇 시간에서 몇 주 동안만 열리지만, 많은 사람들과 사회적 관심을 끌어들이기에 새로운 사교의 장소가 되고 있다.

손님 접대

앞서 설명했듯이 홍콩의 중국인들은 협소한 집 크기 때문에 집에서 접대하는 일이 흔치 않다. 손님 접대는 보통 비공개 연회장이 있거나 공간 변경이 가능한 칸막이가 있는 음식점 또는 홍콩마사회나 컨트리클럽 같은 회원제 클럽에서 이루어진다.

집에 초대하기

가정집에 저녁 초대를 받았다면, 제시간에 도착해야 하고 너무 오래 머무르지 않아야 한다. 집주인에게 줄 선물로는 위스키나 브랜디 한 병, 약간의 사탕과 초콜릿, 쿠키 정도가 좋다.

난과 같은 식물도 환영받지만, 누군가에게는 꽃을 꺾는 것이 풍수에 나쁜 것으로 여겨질 수 있다는 걸 잊지 말아야 한다. 선물이 무엇이든지 포장은 정성스럽게 해야 한다. 집주인은 당신이 가져온 선물을 바로 뜯지 않을 것이다. 손님 앞에서 선물을 뜯는 것은 욕심 많고 성급한 행동으로 여겨지기 때문이다. 마찬가지로 누군가 당신에게 선물을 주었다면 곧바로, 또는 그들이 보는 앞에서 선물을 열지 마라. 한쪽에 두었다가 나중에 열어보고 다음에 만났을 때 감사를 전하면 된다.

겸손한 집주인과 안주인은 집이 누추하고 차린 음식이 없다며 미안해할 것이다. 이때 좋은 손님으로서 당신이 해야 할 일은 음식 맛을 칭찬하는 것이다.

누군가의 집에 도착했을 때는 일단 신발을 벗어서 문 옆에 두는 것이 일반적이다. 집주인에 따라서 집 안에서 신을 수 있는 간단한 슬리퍼를 준비해두기도 한다.

식사에 중점을 두지 않은 격식 없는 모임에 초대를 받았다면, 당신을 편하게 대한다는 뜻이므로 더 영광으로 생각해야 한다. 이때는 신선한 과일 같은 선물을 가져가자. 가급적 예쁘게 포장한 비싼 제철 과일을 준비하는 것이 좋으며, 여의치 않다면 중국식 쿠키를 가져간다.

대부분의 집주인은 시간에 상관없이 마실 것과 간단한 음식을 내어줄 것이다. 보통은 인사로 '잘 지냈나요?'보다 '식사하셨나요?'라고 묻는다. 손님에게 먹을 것을 내주는 것이 집주인의 의무며 음식은 매우 중요한 것이기 때문이다. 배가 고프지 않아도 음식을 받아서 어느 정도 먹는 것이 예의다. 집주인은 먹지 않더라도 말이다. 보통은 거실 또는 더 격식을 차린 응접실로 안내를 받는데, 다른 방을 구경시켜줄 것이라는 기대는 하지 않는 것이 좋으며 너무 오래 머무르지 않아야 한다.

데이트하기

중국인 커플이 데이트를 하는 모습은 흔하며, 인종이 서로 다른 커플도 발견할 수 있을 것이다. 그런데 중국 여성이 다른 인종인 남성, 특히 서양인과 데이트를 하는 경우는 종종 있지만, 홍콩 남성이 다른 인종의 여성과 데이트를 하는 모습은 무척 보기 드물다.

데이트에 대한 태도는 홍콩인의 개인 배경에 따라 달라질 것이다. 서구화된 홍콩인은 서양식 접근을 한다. 비록 부모님

의 전통적인 관점 때문에 가족에게 소개시켜주는 일에는 소극적일 수 있지만 말이다. 당신이 만약 홍콩인과 데이트를 해야 한다면, 조심스럽게 관계를 이어나가는 것이 현명하며, 파트너가 그 관계에 대해 어떤 기대를 하고 있는지 시간을 두고 알아가는 것이 좋다. 데이트를 할 때는 서양 음식보다는 중국 음식을 고르고, 술은 과하게 마시지 않는 편이 좋을 것이다.

적어도 첫 데이트 때는 남자가 비용을 지불하는 것이 예의에 맞다. 홍콩인들에게는 데이트를 할 때 교대로 비용을 지불하는 것이 드문 일이 아니다. 이는 서로가 관계에 대해 진실된 의도를 갖고 있다는 걸 보여주는 수단이 되기도 한다. 많은 홍콩인들은 'AA제'를 한다. 즉, 요금을 균등하게 나눠서 낸다는 뜻이다.

홍콩 여성들은 여러모로 '신경을 많이 쓴다'고 알려져 있지만, 사실 사람마다 다르다. 기사도 정신을 기대하는 여성도 있다. 핸드백을 들어준다거나 그들이 원하는 것은 무엇이든지 동의해주기를 바라는 것이다. 또 어떤 여성들은 사회적 지위를 중요하게 여긴다.

데이트를 할 때는 일반적으로 조심스럽게 접근하는 것이 좋다. 특히 친밀감을 표현할 때는 더욱 조심해야 하므로 파트너의 말과 행동을 보고 어떻게 처신할지 힌트를 얻어야 한다.

05

가정생활

홍콩의 많은 부부가 자녀를 갖지 않으며, 갖더라도 한두 명에 그친다. 여기에는 복잡한 생활 환경, 완전 고용, 의무 교육이라는 요인이 작용했다. 영아 사망률이 높은 구식 대가족 생활에 서 단 두 세대만 함께 사는 현대적인 생활양식으로 변화한 것이다.

주택

홍콩은 지난 40년간 변화해왔다. 과거에는 중국에서 건너온 가난한 사람들이 대부분이고 다양한 국적의 부유한 상인과 영국 공무원이 소수였지만, 지금은 부유한 사람들이 많이 사는 중산층의 도시가 되었다. 부의 증대로 생활 방식도 크게 달라졌다.

가장 주된 변화로 주택을 들 수 있다. 1970년대에는 100만 명 이상의 사람들이 토지 소유권도 없이 대강 지은 '무허가 판잣집'에 살았다. 현대적인 편의 시설이나 쾌적함은 눈 씻고 봐도 찾을 수 없는 곳이었다. 그나마 적극적인 사람들은 가파

른 언덕 위로 수도관을 끌어
오고, 위험하게 늘어진 전선
에 조잡하게 만든 콘센트를
연결하기도 했다. 물론 모두
불법이라 요금도 내지 않는
것이었지만 주민들의 압박 때
문에 용인할 수밖에 없었다.

지금은 대중의 요구 때문
에 (업그레이드되어) '보존되고' 있는 일부 판자촌을 제외하고는
대부분의 인구가 고층 아파트에 살고 있으며, 현대적인 주방
시설과 욕실뿐만 아니라 최신 음악이나 오락 시설까지 갖추고
있을 정도로 부유해졌다.

하지만 홍콩에서 넓은 공간을 소유하기란 여전히 힘들다.
보통 46m^2(14평) 아파트라면 침실이 하나밖에 없을 거라고 생
각하지만, 실제 홍콩 아파트에는 사용하기도 힘들 것 같은 크
기의 침실이 3개나 딸려 있다. 스웨덴 가구 회사 이케아와 홍
콩의 아류 회사들은 초소형 아파트에서 쓰기 좋은 다용도 가
구를 판매하여 큰 성공을 거두고 있다. 가장 인기 있는 것은
위에는 벙크 침대가 있고 아래에는 수납장과 조명이 구비된

책상이 놓여 있는 세트 가구로 어린 학생들에게 적합하다.

빅토리아피크와 홍콩섬 남부 등에 있는 큰 저택은 부자들의 소유다. 홍콩의 부동산 가격은 영국의 런던과 모나코의 몬테카를로와 비슷하다. 그렇다 보니 대다수가 개인 방 없이 아파트를 공유하면서 산다. 나이든 부모님이 자식들과 함께 사는 모습은 원래 일반적이었지만, 결혼한 자녀가 미래를 위해 돈을 아끼려고 부모님과 함께 사는 것 역시 흔한 광경이 되었다. 좀 더 넓은 아파트에는 보통 부엌에서 멀리 떨어진 곳에 작은 방이 있고, 가족들과 다소 떨어진 공간인 이 방에서는 보통 가정부들이 생활한다. 고양이는 전통적으로 쥐와 바퀴벌레처럼 규제의 대상이 되어왔지만, 다른 반려동물, 특히 소형견은 인기가 점점 높아지고 있다.

가족

전통적으로 중국인은 특정 성을 가진 사람끼리 한마을에 모여 살았다. 딸은 다른 성씨 집단의 남자와 결혼해 그 마을로 옮겨가고, 아들은 다른 마을에서 부인을 데려온다. 이런 이유로 중국인들은 딸을 귀하게 여기지 않았다. 종종 딸을 '쌀자루에 난 구멍'이라고 부르기도 했다. 쌀을 축내고도 결국에는 가족을 떠나며 결혼할 때도 또 돈을 가져가기 때문이다. 여아에 대한 전통적인 편견도 이런 이유가 크게 작용했을 것이다. 오늘날 특히 상업 지역에서는 여성 평등의 도래로 이런 인식이 많이 바뀌었지만, 노인이나 교육 수준이 낮은 사람들에게는 남아 선호 사상이 아직도 남아 있다.

인구통계학적으로 홍콩은 선진공업국이며, 출생률과 사망률이 독일이나 일본만큼 낮다. 인구가 계속 늘어나는 이유는 중국의 여러 지역에서 이주를 해오기 때문이다. 중국 본토에서 온 젊은이들은 홍콩에서 열심히 일을 하고 싶어 하고, 때로

는 더 먼 외국으로 떠나기 전에 첫발을 딛는 곳으로 생각하기도 한다.

많은 부부가 자녀를 갖지 않으며, 갖더라도 한두 명에 그친다. 여기에는 복잡한 생활환경, 완전 고용, 의무 교육이라는 요인이 작용했다. 영아 사망률이 높은 구식 대가족 생활에서 단두 세대만 함께 사는 현대적인 생활양식으로 변화한 것이다.

고령화로 인하여 홍콩인의 평균 나이는 이웃 나라들보다 높은 44세이며, 평균 기대 수명은 83세 정도다. 효도라는 전통적인 가치에도 불구하고 현재 홍콩의 가장 큰 걱정은 정부의 최소한의 지원으로 빈곤한 삶을 사는 노인 인구가 증가하고 있다는 점이다. 많은 이들이 은퇴를 하고 정기적인 수입이 없는 상태이기에 빈곤선에도 미치지 못하는 삶을 살고 있다. 가족들이 있지만 그들을 부양할 돈이나 공간이 없거나, 애초에 자녀가 없다면 그들의 생계를 지원해줄 방법이 거의 없는 상황이다. 결과적으로 은퇴한 노인들이 중국 본토나 홍콩과 가까운 선전으로 이주하는 움직임이 많지는 않지만 꾸준하게 이어지고 있다. 이 중에는 어릴 적에 살던 본토의 고향으로 돌아가는 경우도 많은데, 중국 본토는 유동성이 적어서 고향에 아직 가족이나 친척이 남아 있을 가능성이 크기 때문이다.

생활 방식

일반적으로 홍콩 사람들은 바쁘다. 학교에 다니는 어린이도 일찍 일어나고 방과 후와 때로는 주말에도 과외 활동을 한다. 많은 홍콩인이 일찍 일어난다. 특히 노인들은 오전 6시에 태극권을 연습하거나 딤섬을 먹으러 간다. 대부분의 회사가 오전 8시 30분 또는 9시에 시작하지만, 9시 30분~10시 사이에 시작하는 현지 기업도 있다. 코즈웨이베이와 몽콕 지역의 가게들은 정오에 문을 열어 밤 10~11시까지 영업을 한다. 즉, 늦게까지 깨어 있고 늦게 기상하는 사람들도 있다는 이야기다. 홍콩인은 열심히 일하고 가능한 한 많은 사람과 어울리려 한다. 하지만 늦게까지 일하고 잠자리에 들 시간이 되어서야 집으로 돌아오는 사람들도 많다. 가정부가 없는 사람들은 식료품 구입 같은 집안일을 시간이 날 때 틈틈이 한다. 주로 여성들이 일주일에 1회 이상 슈퍼마켓에 가서 필요한 것을 구입하고, 신선한 육류와 생선, 채소를 사기 위해 매일 시장을 가려고 노력한다.

　홍콩인들은 가족과 함께 식사하는 것을 중요하게 생각하며 주로 저녁식사를 함께한다. 하지만 주말은 다르다. 다 큰 아이

들도 토요일 점심에는 가족과 함께 식사를 하고, 일요일 저녁에는 가족끼리 외식을 하는 것이 일반적이다.

중국인들은 어린이를 사랑한다. 그렇다 보니 낯선 사람이 아이가 정말 귀엽다며 부모나 어린이에게 말을 거는 일이 드물지 않다. 요즘은 식구가 적어서 자녀도 많아 봐야 두 명밖에 안 되지만, 대가족이나 손자들이 많은 집은 여전히 자랑거리가 된다. 홍콩에서는 아이와 어른 모두 열심히 사느라 바쁘기 때문에 부모가 주중에 아이들과 많은 시간을 보내지 못했다면 일요일에 함께 외출을 함으로써 그 부족한 시간을 만회하려는 경향이 있다. 많은 중국인은 가끔씩 늦게 잠자리에 드는 것을 개의치 않아서 어린아이들이 부모의 어깨에 매달려

잠을 자고 있는 모습을 심심치 않게 볼 수 있다. 그렇다 보니 늦은 시간 영화관에서 어린아이가 우는 소리를 듣게 될 수도 있다.

홍콩이 워낙 비좁고 붐비는 곳이다 보니 독특한 생활 방식이 만들어졌다. 같이 사는 가족이라도 집 밖에서는 친밀한 모습을 보이지 않는 것이 보통이다. 워낙 물리적으로 가깝게 지내기 때문에 서로 각자의 사생활을 보호해주려고 하는 것이다. 그래야 적절한 정신적, 감정적 거리가 유지되어 건강한 관계를 유지할 수 있지 않겠는가. 직장이 있는 사람들은 일이 끝나고 직장 동료와 식사를 할 수도 있고 사무실에 남아서 텔레비전을 보거나 회사 컴퓨터로 게임을 할 수도 있다. 다른 사회적인 이유도 있겠지만 보통 늦게 퇴근하는 것을 권하는 분위기다. 하지만 많은 가족에게 살아갈 기쁨을 주는 것은 가족 간의 감정적인 친밀함이며, 주말에는 떨어져 지내는 대가족 구성원과 연락해서 다 함께 활동하는 걸 즐긴다.

거의 모든 사교 활동은 집 밖에서 일어난다. 매 끼니, 심지어 아침식사까지도 밖에서 먹는 것이 보통이며, 혼자 밥을 먹는 일은 드물다. 이 점이 방문객에게는 무척 흥미롭다. 모든 생활이 밖에서, 거리에서, 쇼핑몰에서, 공원에서, 가게와 음식점에서 일어나고 있으니 말이다.

홍콩인들은 침묵을 지키느니 노래를 부른다는 말이 있다. 예를 들어 혼자 있어야 할 상황이 생긴다면, 대부분의 사람이 휴대폰을 손에서 놓지 않는다. 자연이 진공을 꺼려한다면, 홍콩은 침묵을 꺼려한다. 조용한 곳에서 살다 온 외국인 방문객이라면 점심시간 사람들로 붐비는 음식점, 끊이지 않고 점점 커지는 소음을 견디기 힘들 수도 있다. 하지만 소음을 적당히 무시할 수 있다면 북적거리는 사람들 틈에서도 자기만의 시간을 즐길 수 있을 것이다.

뻥 뚫린 야외는 일 년 내내 인기가 많다. 사람들은 공원 벤치에서 간식을 먹기도 하고, 다이파이동에서 음식을 먹기도 한다. 다이파이동은 음식 값이 저렴한 작은 포장마차인데, 요즘은 중심지에서는 보기 힘들지만 외곽이나 뉴타운에서는 여전히 성업 중이다. 패스트푸드 음식점이나 대중적인 식당에 가면 에어컨이 강하게 나오기 때문에 손님이 많아도 쾌적하며 뜨거운 음식도 편하게 먹을 수 있다.

보통 홍콩인들은 많이 걸음으로써 건강을 유지한다. 센트럴에는 도시 곳곳까지 이어져 있는 좁은 보도교가 있어서 직장까지 걸어서 가기도 하며, 취미 삼아 혹은 윈도우 쇼핑을 하며 걸을 때도 있다. 또는 주말에 가족이나 친구와 함께 외딴 섬이나 신제에서 음악을 들으며 오솔길을 걷기도 한다. 여름에는 해변이 사람들로 붐비는데 해안을 따라 놓여 있는 감시탑에 안전 요원들이 있기 때문에 안심이다.

패션은 서양과 비슷하며 최근 들어 더 개방적인 모습으로 변했다. 특히 젊은이들은 일본, 한국, 서양의 패션에 영향을 많이 받는다. 홍콩인들은 서양인이라면 시도하지 않을 밝은 색과 무늬를 조합해서 입는 걸 좋아한다. 노인들 중에는 아직도 깃이 세워진 원피스 형태의 중국 전통의상을 입는 사람도 있다.

【 금기 】

전통적인 홍콩의 중국인들은 신체 접촉을 즐기지 않는다. 포옹은 불쾌함을 줄 수 있다. 악수 정도는 괜찮지만 필수적인 것은 아니다. 가장 금기시해야 할 것은 발바닥을 다른 사람에게 보이는 것이다.

【 도박 】

도박은 홍콩인들이 가장 좋아하는 나쁜 버릇이라 할 수 있다.

그런 이유로 철저하게 규제된다. 해피밸리와 샤틴에서 벌어지는 경마는 굉장히 인기가 많으며 텔레비전으로 수백만 명이 경기 중계를 시청한다.

집에서 많이 즐기는 마종, 즉 마작은 카드놀이와 비슷하며 돈을 걸고 한다. 숫자가 적혀 있는 조그만 패를 가지고 하는 이 게임은 빠른 속도로 패를 짝짓기하는 게임이다 보니 나무탁자에 플라스틱 패가 떨어지는 경쾌한 소리가 홍콩 전역에 울려 퍼진다. 특히 외곽 지역의 어촌 마을을 걷다 보면 자동차 소리도 거의 들리지 않아 마작패 소리가 더욱 크게 들린다.

마크 식스라는 공식 복권도 있다. 49개의 숫자 중에서 6개의 숫자를 고르는 방식이다. 1975년에 시작된 마크 식스는 재무부와 다양한 조직을 후원하는 자선기금인 복권기금에 수십억의 이익을 남겨주었다.

이름

중국에는 100개의 주요 성씨가 있다. 실제는 그보다 더 많지만 기본적으로 비슷한 성을 반복해서 접하게 될 것이다. 각각의 성은 거대한 대가족 또는 씨족 집단을 뜻하며, 본래 특정한 지역이나 마을과 관계가 있어서 해당 지역 사람들은 모두 같은 성을 가지게 되는 식이다.

성은 이름보다 앞에 쓴다. 예를 들어 리 카-싱은 리씨이지, 카-싱씨가 아니다. 영어를 사용하는 국가로 이민을 가면 종종 성이 이름으로 잘못 불리지만 제대로 항의하지 못하는 경우가 있다. 한 예로 뉴질랜드에 사는 찬 팅 가족은 팅 가족이 되어버렸고 찬은 잊혀진 지 오래다. 성만으로 불리는 경우도 흔하다. 직함을 사용하는 것이 정상이고 예의에 맞지만 조금 더 친밀해지면 성만 쓰는 경우가 많다. 중국식 이름은 거의 불리지 않는다. 이름이나 가족 간의 별명은 사적인 것으로 여겨지며, 외국인 방문객이 친밀하게 보이고자 하는 마음에 이름이나 별명을 부르면 실례가 될 수 있다.

성에 반드시 중요한 의미가 있는 것은 아니지만, 그 글자에 어원이 있는 경우는 많다. '청'은 '길다'라는 의미의 단어, '리'

는 '자두나무'를 뜻하는 단어다.

대부분 이름은 두 글자로 이루어져 있으며 대개 원하는 대로 쓴다. 앞에서 언급한 카싱은 홍콩에서는 일반적으로 하이픈으로 연결하지만, 중국 본토에서는 한자의 발음을 로마자로 표기하기 때문에 한 글자처럼 보인다. 예를 들어 홍콩에서는 Mao Tse-tung으로 쓰는 것을 본토에서는 Mao Zedong으로 쓰는 식이다.

이름에는 일반적으로 잘 알려져 있고 중요한 의미가 있는 것을 쓴다. 요즘 여성들은 육빙(옥과 얼음)이나 메이링(매우 아름다움) 같은 이름을 쓰지만 예전에는 이름에 남녀 차이가 딱히 없었다. 대부분은 아이에게 바라는 좋은 자질, 예를 들어 밍(밝음) 또는 얀(친절함)을 이름으로 붙이는 경우가 많다.

많은 홍콩의 중국인들은 서양식 이름 혹은 그와 유사한 이름을 선택한다. 보통 전통적인 이름과 발음이 비슷한 것, 예를 들어 윙메이 대신 위니, 메이얀 대신 메이블 등으로 짓는다. 요즘 유행은 데이비드나 위니 말고도 켈리, 캔디, 지미 등의 미국이나 영국식 이름을 그대로 따른다. 이름의 의미나 철자에 대해서는 자세한 조사를 하지 않았을지도 모르겠지만, 모두 중국식 이름과 약간의 연관이 있다. 스칼라, 브라이트, 레디언트,

러블리, 해피, 사일런트 같은 이름은 분명히 아이가 갖길 원하는 좋은 자질이며, 중국 이름을 직역한 것일 수 있다. 슈퍼맨, 지저스, 야누스, 헤르메스는 적절한 롤모델을 이름에 적용한 경우다. 폴슨, 딕슨, 로슨의 아버지가 폴, 리차드, 로런스인 경우를 볼 수도 있다. 중국어와 미묘하게 발음이 비슷한 이름 쥬시, 맨티스, 히만, 팻맨, 엘빈, 팩맨, 아이스맨도 있다. 광고에서나 볼 수 있는 판타지 같은 이름, 벤츠, 벤틀리, 후버, 커피, 애플도 있다. 중국어 이름을 적절한 영어 이름으로 바꾸는 경우도 많다. 보통은 아주 어릴 때나 대학 졸업 후에 개명을 한다.

교육

홍콩인들은 교육을 매우 중요하게 여긴다. 아무 도움 없이 고생한 이민 1세대나 2세대는 자녀의 똑똑한 머리가 미래를 책임질 거라고 믿는다. 그래서 학교 교육은 시간도 길고 힘들며, 학업성취도는 그 자체로서 뿐만 아니라 그것이 가져올 수익 능력 때문에 칭찬을 받는다.

교육의 내용과 시험은 정부가 관리하며, 1970년대 영국의

교육 형태와 방식을 그대로 따르고 있다. 그 이후 영국에서는 상당한 변화가 있었는데도 말이다. 6~16세까지 모두 무상 교육을 받을 수 있다.

【 초기교육 】

18개월만 되면 어린이집과 유치원에 갈 수 있으며, 곧바로 교육에 들어간다. 글 읽기와 초급 연산은 어릴 때 시작한다. 중국 어린이들은 집중력을 타고난 듯, 3세 반 아이들조차도 딴짓을 하지 않고 선생님을 바라본다. 현대적인 수학법이 소개된 덕분에 이 시기 아이들의 수업에 놀이와 활동의 비중이 커졌지만, 전통적으로는 암기 위주의 공부를 했다.

초등학교는 만 6세에 들어간다. 대부분의 학교는 오전 7시 30분~오후 1시 30분까지, 또는 오후 1~5시까지 이부제 수업을 한다. 학급당 학생 수는 많은 편이다. 중국어를 읽고 쓰는 교육은 암기를 통해서만 가능하며 수년이 걸린다. 각각의 한자를 직접 써가면서 외워야 하기 때문이다. 어떤 글자는 22획이나 될 정도로 복잡하다. 1학년 때부터 숙제가 있으며, 수업이 끝나고도 과외로 3시간 정도 공부한다는 이야기를 어렵지 않게 들을 수 있다. 뛰어놀 수 있는 공간이 거의 없기 때문에 저학년조차도 주로 앉아서 진행하는 수업을 듣는다.

【 중등 교육 】

이 시기가 되면 아이들은 이미 힘든 공부와 많은 숙제에 익숙해진다. 40~50명의 학생이 한 교실에서 수업을 듣는데도 불구하고 시험 성적이 대부분의 문화권을 앞지르며, 이를 순전히 많은 공부 양 덕분이라고 믿는다. 영국의 기숙학교에 가게 된 한 소녀가 이렇게 말했다. "여기서는 수학 문제 4개도 숙제로 많다고 생각해요. 저는 14개쯤 풀 수 있는데 말이에요."

대부분의 어린이는 공립학교에 다니지만, 기독교나 다른 자선 단체에서 운영하는 명망 있는 사립학교도 있다. 수업료가 높지는 않지만 아무나 입학할 수 없으며 졸업생의 자녀를 입학시키는 것을 선호한다. 이렇다 보니 지난 50년 동안 엘리트 계층이라는 것이 생겨났고, 일류 전문직 종사자나 사업가 중 많은 수가 이 계층에서 나오게 되었다.

통학 가능 거리와 상관없는 국제학교도 여럿 있다. 홍콩 영어학교재단(ESF)이 영국식 커리큘럼을 영어로 수업하는 학교를 만들었으며, 영국식 시험 제도와 점점 인기가 높아지는 국제학력평가시험(IB) 중에서 선택할 수 있게 했다. 캐나다, 싱가포르, 일본 등을 포함한 다른 국제학교들도 IB 프로그램을 제공한다. 이런 학교들은 자국민을 위해 만들어졌지만 다른 나라 출신을 받는 학교도 많다. 국적은 오해의 소지가 있을 수 있다. 영국, 캐나다 또는 호주 여권을 가진 많은 학생이 사실은 중국인이기 때문이다. 이들의 부모는 외국 국적을 얻기 위하여 이주했다가 다시 돈을 벌기 위해 고향으로 돌아온 사람들이다.

【 고등 교육 】

교육에 대한 수요 덕분에 홍콩에는 13개의 대학이 있다. 가장 역사가 깊고 명망 있는 대학은 공식적으로 1911년 설립된 홍콩대학교다. 품위 있는 오래된 건물과 엄청난 규모의 신식 건

물이 홍콩섬 서쪽을 차지하고 있다.

홍콩공연예술아카데미 같은 전문대학과 상업 및 언어와 관련된 사립학교도 많다.

여유가 있으면 자녀를 영국, 미국, 캐나다, 호주 등 해외로 보내 교육을 시키기도 한다.

• 치솟는 등록금 •

홍콩의 국제학교에 입학하는 것은 특히 홍콩에 거주하는 외국인에게 큰 문제가 되고 있다. 이전에 그 학교를 다녔거나 혹은 현재 다니고 있는 사람의 자녀나 친척만 입학 우선권을 받기 때문이다. 많은 학교에서 구매자에게 우선권을 주는 채권을 발행하고 있지만 기업에서 직원들의 자녀 교육비를 제공하던 시절은 지났다. 홍콩의 교육비가 계속 치솟고 있기에, 영국 최고의 명문 사립학교인 해로우국제학교가 있는 지역으로 외국인이 몰리고 있다. 정부는 새로운 국제학교의 설립을 위해 부지를 제공하는 등 여러 지원을 하고 있지만, 일부 외국인은 홍콩에 들어온 첫해에 아이들을 집에서 홈스쿨링을 시키는 것으로 알려졌다.

06

/

여가생활

홍콩인들은 휴가에 가족이나 친구들과 시간을 보낸다. 함께 식사를 하며 영화 보기, 보드게임 하기, 노래방 가기 등 오락거리를 즐긴다. 대부분 휴가 때는 사람들이 고향에 가기 때문에 거리가 한산하며 교통량도 적다. 이런 때 홍콩을 방문하면 너무 조용할 수도 있겠지만, 춘절을 제외하면 모든 가게와 음식점이 문을 열기 때문에 불편한 점은 없을 것이다.

휴일

홍콩은 근면하게 일하는 문화가 자리 잡고 있다. 법적으로 유급 휴가는 1년에 7일로 규정하고 있지만, 평균적으로 12~15일을 받는다. 게다가 근로자들은 법정 공휴일에도 쉰다. 말린 식료품, 신선 식품 등을 판매하는 소규모 가업을 이어가는 이들은 춘절에만 3~7일 정도 휴가를 갖는 경우도 있다. 홍콩인들은 이 기간에 가족과 함께 시간을 보내거나 고향에 있는 친척을 방문한다.

몇몇 축제 때는 특별한 이벤트도 열린다. 청차우 빵 축제, 춘절 전야에 새벽 6시까지 여는 빅토리아공원의 꽃 시장, 가

을에 열리는 타이항 파이어 드래곤 댄스 축제 같은 것들은 직접 체험해볼 만한 가치가 있다.

일반 사무직 근로자들은 축제 기간 동안 가족이나 친구들과 시간을 보낸다. 함께 식사를 하며 영화 보기, 보드게임 하기, 노래방 가기 등 오락거리를 즐긴다. 대부분 축제 기간에는 사람들이 고향에 돌아가기 때문에 거리가 한산하며 교통량도 적다. 이런 때 홍콩을 방문하면 너무 조용할 수도 있겠지만, 춘절을 제외하면 모든 가게와 음식점이 문을 열기 때문에 불편한 점은 없을 것이다.

홍콩인들에게는 시간이 무척 소중하기 때문에 축제 기간 동안 해외로 여행을 가기도 한다. 축제 기간이 주말과 이어져 연휴가 길어지면 일찌감치 항공편도 많아지고 항공권도 비싸진다. 대부분의 홍콩인들은 짧은 해외여행을 선호하며 오랫동안 쉬는 것을 좋아하지 않는다. 홍콩에서 먼 곳으로 장기간 여행을 떠나는 사람들은 주로 홍콩에 사는 외국인들이다.

축제 기간에는 람마나 청차우 같은 외딴 섬에 홍콩인 관광객들이 많이 모여들기 때문에 출발 시간도 되기 전에 연락선이 꽉 차기도 한다. 여름에는 주말 동안 외딴 섬이나 신제의 마을을 방문해 여유를 즐긴다. 특히 사이쿵섬은 해산물 음식

점으로 유명하다. 겨울에는 날씨가 시원하고 쾌적하기 때문에 하이킹이 인기 있다.

외식

홍콩인들은 1년 치 스케줄을 짜놓는 사교적인 사람들이다. 일 주일 내내 친구들이나 가족과 만찬을 나누는 게 일반적이며, 새로 온 사람이라고 해도 초대를 하는 게 어색하지 않다.

홍콩에서는 무척 다양한 요리를 즐길 수 있다는 것이 홍콩 인들에게는 자랑이다. 모든 취향과 모든 예산을 맞출 수 있는 음식점의 수가 1만 6,000개가 넘는다. 음식점은 크게 두 종류로 나뉜다. 하나는 홍콩인들이 격식 없이 즐기는 카페 스타일 식당으로 광둥 음식과 프렌치토스트나 파스타 같은 홍콩 스타일의 서양 음식을 파는 차찬탱이 있다. 다른 하나는 격식 있는 고급 레스토랑으로 광둥 음식을 비롯하여 다양한 스타일의 요리를 즐길 수 있다. 30년 전까지만 해도 대부분의 지역민들은 집에서나 밖에서나 광둥 음식만 먹었지만, 도시가 국제화되면서 다른 스타일의 요리에 대한 인기가 높아졌다.

중국 요리

【 광둥 요리 】

광둥인들은 자신들의 요리가 세계 최고라고 믿으며, 다른 중국인들도 그 맛과 다양함을 인정한다. 어떤 이들은 중국의 광둥 요리가 유럽의 프랑스 요리에 해당한다고 말한다.

1960년대와 1970년대에 신제에서 많은 사람이 해외로 이민을 가게 됨에 따라 세계 곳곳에 소위 중국 음식점이라는 것이 급증했으며, 각 지역의 미각을 만족시키기 위해 전통 요리의 졸렬한 모방품이 탄생되기도 했다. 진정한 광둥 요리는 촙수이('다양한 맛'이라는 뜻으로 미국에서 만든 요리)나 영국과 미국에서 파는 차우멘과는 딴판이라는 것을 알아야 한다. 프랑스 요리는 프랑스 이름이 붙은 소스로 만들어야 하는 것과 같은 이치다. 캐나다에서는 매우 중국적이지 않은 '중국 요리 뷔페'가 생기기도 했는데, 요리한 지 몇 시간이나 지난 고기와 채소들이 눅눅한 금속 통에 들어 있는 식이다.

홍콩뿐만 아니라 전 세계적으로 냉동 음식이나 간편식이 인기를 얻고 있지만, 그래도 뛰어난 중국 요리사는 재료의 신선도를 위해 하루에 두 번씩 장을 본다. 신선한 재료를 파는 시장이 무척 많으며 어딜 가나 사람들로 붐빈다.

광둥인들은 '네 다리가 달린 것은 탁자와 의자 빼고는 다 먹고, 하늘에 있는 것은 비행기 빼고 다 먹는다'고 말한다. 그렇다 보니 애벌레, 사향 고양이 발, 달팽이, 뱀처럼 외부인의 시선으로 보면 기이하고 혐오스러운 음식도 있다. 다행히 집에서 먹는 음식은 그 정도로 특이하지는 않다. 4인 가족이 먹는 한 끼 식사는 보통 쌀밥을 포함한 세 가지 코스로 이루어져 있는데, 코스에 따라 차례차례 먹는 것이 아니라 조리되자마자 식탁에 놓고 같이 먹는다.

요리는 대개 볶거나 튀겨서 만든다. 그래서 요리가 빨리 완성되며, 바삭하고 신선할 때 바로 먹는 편이 좋다. 과일을 제외한 날 음식은 꺼리며, 샐러드는 광둥식 메뉴에 포함되지 않는다. 상추나 물냉이도 살짝 튀겨 먹는다. 홍콩에도 작은 유기농 농장이 많지만 신선 재료는 주로 본토에서 가져온다. 시장 상인이 어떤 재료가 홍콩에서 난 것인지, 중국이나 다른 나라에서 온 것인지 설명해줄 것이다.

보통의 식사에는 적어도 두 종류의 단백질이 동시에 제공된다. 생선과 해산물은 홍콩인에게 매우 인기가 좋으며, 원래 어촌 마을에서는 풍부한 단백질 공급원이었지만 지금은 가격이너무 비싸졌다. 돼지고기 역시 인기가 많다. 중국어 메뉴에 고

기라고 적힌 것은 돼지고기를 의미하며, 다른 고기는 따로 표기한다. 그 다음은 소고기다. 아열대 지방인 중국 남부에서는 양이 잘 자라지 않으며 양고기 냄새를 '너무 강하고' 불쾌하다고 여기기 때문에 광둥 요리에는 양고기가 쓰이지 않는다. 가금류도 인기가 좋아서 닭은 흔히 쓰이며, 오리나 거위도 다양한 요리에 사용된다. 두부 역시 중요한 단백질 공급원이며 엄격한 불교 채식주의자들은 두부로 많은 요리를 해 먹는다.

중국인들은 전통적으로 식탁에서 칼을 드는 것이 부적절하다고 (그리고 위험할 수도 있다고) 믿는다. 그래서 모든 재료가 한 입 크기로 잘라져 나온다. 중국 요리는 작게 조각내는 것부터 시작하기 때문에 볶는 것이 최적의 요리법이다. 재료를 볶으면 빠른 조리 시간 덕분에 신선도와 맛이 유지된다. 재료 외의 맛을 내기 위해서는 아주 진한 소스를 소량 사용한다.

쌀 역시 많이 먹는다. 모든 집에는 전기밥솥이 있으며, 끼니마다 밥을 먹는다. 아침에는 물을 많이 넣어 걸쭉한 죽을 먹기도 한다. 죽은 육수로 맛을 내기도 하고 닭고기나 생선을 같이 넣어 끓이기도 한다. 소스, 허브, 땅콩, 피단도 함께 낸다. 바쁜 현대 광둥인들은 아침도 외식을 하거나 시리얼, 토스트 같은 서양식 아침식사를 하기도 한다.

• 백 년 묵은 달걀 •

시장에서 팔기도 하고 호텔 조식 뷔페에서 볼 수 있기도 한 이 알 요리는 겉보기에도 매우 오래되어 보이지만 실제로도 100일쯤 된 것들이다. 보통 오리알로 만드는데, 알을 재와 소금과 함께 섞어 보관하면 흰자는 짙은 회색이 되고 노른자는 검은색에 가까운 초록색이 된다. 매우 풍부한 맛이 날 뿐 오래된 맛은 나지 않는다.

전통적인 광둥 요리에는 닭고기와 돼지고기에 양파, 중국식 샐러리, 피망 같은 채소를 섞어 볶은 것, 블랙빈 소스로 요리한 얇게 썬 소고기, 생강과 파를 얹어 찐 생선, 튀긴 두부와 채소 등이 포함된다. 채식주의자들은 채소 역시 고기 육수를 사용하여 요리할 수도 있다는 사실을 알아야 한다.

겨자잎이라고도 알려진 초이섬은 가장 전형적인 홍콩 채소다. 팍초이 또는 복초이라고 불리는 청경채와 가이란이라고 불리는 중국 케일도 인기가 많다. 그중에서도 가장 맛있는 채소는 11월에만 나오는 다오미우, 즉 완두콩 새싹이다. 요리된 채소는 종종 긴 형태 그대로 나오는데 젓가락을 이용해서 조금씩 먹으면 된다.

· 제비집 수프 ·

대부분의 사람들은 '제비집 수프'를 비현실적인 이름이라고 생각하며, 정말로 새의 둥지로 만들었다는 말을 하면 못 믿겠다는 반응을 보인다. 제비집 수프는 동남아시아의 금사연(금빛제비)이라는 새의 둥지만 사용한다. 둥지는 새의 침으로 만들어졌으며, 사람 손이 닿기 힘든 동굴 안 높은 곳에 위치한다. 이 둥지를 채집하기 위해서는 대나무 장대를 타고 올라가야 한다. 수프의 맛은 미묘하다. 그래서 보통은 풍미를 높여줄 달콤한 식초를 첨가해서 먹는다. 중국의 희귀하고 특별한 음식이 대부분 그렇듯 정력에 좋다는 이유로 명성을 얻었다.

육수와 비슷한 맑은 수프 역시 끼니마다 나온다. 뱀 수프는 겨울 특선 요리로 추위를 견딜 수 있게 도와준다.

일반적인 광둥 문화에는 디저트가 없지만 요즘은 요리의 맨 마지막에 과일이 나오기도 한다.

【 딤섬 】

딤섬은 문자 그대로 '심장을 어루만지다'라는 의미가 담겨 있으며, 그 정도로 흡족함을 느낄 수 있다는 뜻이다. 딤섬은 이른 아침이나 이른 오후 사이에 아무 때나 먹는 식사를 일컫는다. 대부분 쪄서 조리되며 대나무 찜기째로 제공된다. 전통적인 음식점에서는 중년의 여종업원이 딤섬이 가득 찬 카트를 끌고 테이블 사이를 누비면서 인기 메뉴를 큰 소리로 외친다. 딤섬에는 서너 종류의 찐빵, 만두, 누들롤이 포함된다. 이 누들롤은 청펀이라고 불리며, 채소뿐만 아니라 고기나 새우 등 다양한 속재료가 들어간다. 스프링롤이나 튀긴 빵처럼 튀긴 음식도 메뉴에 포함되어 있다.

신선한 채소와 밥을 주문할 수도 있지만 만족스러운 브런치를 먹고 싶다면 그럴 필요가 없다. 기본적으로 차가 같이 나오며, 오전에 외식으로 딤섬을 먹는 것을 차를 마신다는 뜻으

로 얌차라고 부르기도 한다.

전통적으로는 한 접시당 가격이 똑같기 때문에 고객의 테이블에 놓인 접시 수로 계산을 했다. 하지만 요즘은 많은 딤섬 음식점이 탁자에 놓인 카드에 먹은 요리를 기록하며, 가격이 다양하다.

【 하카 요리 】

하카는 중국 남부에 뒤늦게 정착한 민족으로 광둥이나 홍콩 중에서도 농작 지대와는 많이 떨어진 가파르고 건조한 지대에 정착했다. 하루에 두 번씩 신선한 재료를 조달하는 것이 불가능했기 때문에 재료를 보존하는 방법이 발달했고, 하카 요리는 신선한 재료를 사용하는 광둥 스타일과는 확연히 다르다.

전통적인 하카 요리 중 유명한 것으로는 소금에 구운 닭 요리가 있다. 원래는 뜨거운 소금 더미 안에 닭을 넣어 굽지만 종종 소금을 넣은 물로 요리하기도 한다. 그리고 또 하나는 소고기완자 수프로, 맑은 육수에 상추와 소고기완자를 넣어 먹는다.

【 베이징 요리 】

베이징 요리 중 가장 많이 알려진 것은 베이징덕일 것이다. 전병 안에 얇게 썬 구운 오리고기와 자두 소스, 파를 넣고 손으로 싸먹는 음식이다. 베이징 요리에는 면이나 빵처럼 밀가루로 만든 음식이 많다. 그래서 광둥 지방 사람보다 중국 북부 사람들이 키와 덩치가 더 크다.

【 쓰촨성 요리 】

중국 서부 요리는 맵고 향이 세며, 광둥인들은 이런 음식을 좋아한다. 다진 돼지고기와 두부를 매콤한 소스에 요리한 마파두부가 가장 인기 있다.

【 정찬과 축제 음식 】

연회나 결혼식 등에서 먹는 정찬에는 그 의식에 대한 특별한 의미를 지닌 음식이 나오기도 한다. 음식의 이름이 좋은 뜻을 가진 어구와 발음이 비슷하다는 이유로 말이다. 춘절이나 그즈음에 열리는 만찬에 가면 말린 굴과 해조류로 만든 요리가 꼭 있다. 이 요리의 광둥어 이름은 팟초이호시로, '새해에 사업이 성공한다'는 의미가 있다. 또한 만찬에 가면 대부분 찐 생선이 나오는데, 이 요리의 이름이 특별한 건 아니지만 '생선'을 뜻하는 단어가 '과잉'이라는 단어와 음이 비슷하다. 버섯과 돼지 다리, 오리 발은 '어디에서나 성공한다'를 의미한다.

축제 때 먹는 특별한 음식이나 음료도 발음이나 외형이 다른 것들을 상징하는 경우가 많다. 예를 들어 중추절이나 연등축제 때 만드는 월병에는 소금으로 간을 한 달걀노른자가 통째로 들어가는데 그 모양이 보름달과 닮아서다. 월병에는 행운을 뜻하는 한자를 도장으로 찍어 넣기도 한다.

음료

중국 음식을 먹을 때는 기본적으로 중국 차를 마신다. 보통은 음식점에 들어가 자리에 앉자마자 차가 제공되며 차찬텡이나 딤섬 가게에 가면 사람 수대로 약간의 찻값을 받기도 한다. 하지만 차를 마시지 않는 대신 계산에서 빼달라고 할 수도 있다. 차찬텡에서는 보통 우롱차가 나온다. 딤섬 가게나 고급 음식점에 가면 원하는 차를 달라고 요청할 수도 있는데, 따로 주문이 없으면 대개 재스민차가 나올 것이다. 찻주전자가 비면 주전자 뚜껑을 반쯤 열어놓으면 된다. 웨이터가 다시 뜨거운 물을 채워줄 것이다. 전통적으로 중국인들은 얼음처럼 차가운

음료를 마시는 것이 건강에 좋지 않다고 믿는다. 그러므로 생수를 주문하더라도 뜨거운 물이 나올 수 있다.

차 종류는 매우 다양하며 온갖 차를 전시해놓은 차 전문점도 흥미를 끈다. 식사 후에는 매우 진하게 끓인 보이차를 작은 잔에 담아 내놓기도 한다. 마치 식사 후에 에스프레소를 마시는 것과 비슷한 느낌이다. 재스민차와 국화차 역시 대부분의 음식점에서 주문 가능하다.

웨이터나 집주인이 물잔이나 찻잔을 수시로 채워주는 것이 기본 관습이다. 그러면 대화의 흐름에 방해가 되지 않도록 손가락으로 테이블을 톡톡 쳐서 감사를 표하면 된다.

아이스 레몬티도 유명한데 홍콩에서는 처음부터 달게 만들어주거나 시럽을 같이 서빙해준다. 홍콩 스타일 밀크티는 매우 진하게 내린 뜨거운 혹은 차가운 차에 연유를 넣어 먹는데, 다소 익숙하지 않은 방식이다. 커피와 밀크티를 섞은 위안양티는 특히 차찬텡에서 인기가 있다.

전 세계 대부분의 사람들이 콜라, 스프라이트 등의 탄산음료에 흠뻑 젖어 있는데, 홍콩 역시 예외는 아니다. 신선한 과일 주스도 길거리 가판대에서 쉽게 살 수 있다. 하지만 이런 주스는 대부분 감미료와 설탕이 많이 들어간다.

순한 맥주는 요리와 같이 먹든 그냥 먹든, 싸고 기분 좋으며 산뜻하다. 현지 생산한 산미구엘과 원래는 독일의 기술로 생산했지만 중국 회사가 만들게 된 칭타오가 하이네켄, 칼스버그만큼 인기가 많다.

연회에서는 브랜디를 마시기도 한다. 브랜디만 마시는 게 부담스러운 사람은 스프라이트를 섞어서 마시기도 한다. 전통적인 연회에서는 백주가 식사 후 소화제로 제공되기도 한다. 백주는 쌀이나 다른 곡식을 증류한 술로, 허브나 꽃 향을 추가할 때도 있다. 가장 널리 알려진 마오타이는 수수로 만들었다. 향도 강하고 알코올 도수도 70도나 되기에 마시면 입안이 불타는 느낌이다. 시우칭 와인은 노란빛이 나며 드라이한 셰리주

와 비슷한 향이 나고 광둥 요리에 쓰이기도 한다.

포도로 만든 와인이나 수입 술 역시 자유롭게 접할 수 있다. 2008년부터 면세가 되어 홍콩은 세계에서 가장 큰 와인 마켓이 되었다. 결과적으로 대부분의 음식점뿐만 아니라 슈퍼마켓이나 주류전문점에만 가도 다양한 술을 살 수 있다. 이와

· 팁 문화 ·

고급 호텔이나 음식점에서는 계산서에 10~15%의 서비스 요금을 추가하는데, 이와 별도로 호텔 직원이나 웨이터에게 약간의 팁을 남겨두는 사람도 있다. 이는 업체보다는 개인에게 돌아갈 가능성이 크다. 보통 음식점에서는 서비스 요금이 부과되지 않으므로 10~20홍콩달러를 팁으로 남겨도 된다. 친절한 직원은 당신에게 돈을 돌려주려 할 수도 있고 감사를 표할 수도 있다. 좀 더 캐주얼한 카페라면 서비스 요금이 추가되었는지 계산서를 확인하면 된다.

대부분의 택시 운전사는 팁을 바라지 않는다. 하지만 잔돈을 챙기기 위해 요금을 조금 부풀려 홍콩달러 단위에 맞춰서 요구하는 경우가 있다. 짐이 많거나 반려동물이 있으면 표준 추가 요금이 있다.

당신이 평균보다 나은 서비스를 받았거나 단골손님이라면, 팁을 내라. 그러면 환영받을 것이다.

마찬가지로 서양식 차나 커피 가게도 굉장히 인기가 많다. 스타벅스나 퍼시픽 커피 같은 프랜차이즈 체인점부터 스타일리시하고 젊은 홍콩인들이 운영하는 개인 카페도 많다.

쇼핑

홍콩은 쇼핑객들의 천국이라는 클리셰 같은 것이 있다. 그러나 모든 클리셰가 그렇듯 그 말은 사실이다. 원래 싸고 좋은 물건을 사기 좋은 곳이었으나, 지금은 싼 것부터 말도 안 되게 비싼 것까지 모든 종류의 물건을 살 수 있는 곳이 되었다. 시장 거리를 둘러보는 걸 좋아하든 대리석으로 된 쇼핑몰을 한가롭게 거니는 걸 좋아하든, 당신의 취향을 모두 충족시킬 수 있다. (12월 말부터 2월까지) 겨울 세일과 (8월부터 9월까지) 여름 세일에는 할인율이 높기 때문에 비싼 품목을 쇼핑하기에 좋다. 홍콩관광진흥청은 관광객들이 쇼핑을 할 때 좋은 서비스를 받을 수 있게 노력하며 서비스가 좋은 현지 기업에는 우수 서비스 상을 주기도 한다.

재래시장인 스탠리마켓이 관광객들에게 인기가 많기는 하

지만, 홍콩의 주요 쇼핑 지역은 홍콩섬의 센트럴과 코즈웨이베이, 주룽의 네이던로드와 그 주변 거리다. 또 가볼 만한 곳으로는 공항 근처 청이섬의 마리타임스퀘어가 있는데, 이곳에 있는 200여 개의 가게와 음식점에는 옛것과 새것이 조화를 이루고 있다. 애버딘 근처 압레이차우섬은 싼 가구와 의류로 유명하다. 이 외에도 홍콩 어디를 가든 작은 쇼핑몰, 가게, 시장이 널려 있다.

가게 간에 경쟁이 치열하므로 가격을 비교해보는 것이 중요하다. 이미 쇼핑을 했는데 바로 옆 가게에서 똑같은 물건을 더 싸게 팔고 있는 걸 보면 자책하게 될 테니까 말이다. 전자 제품은 국제 품질 보증서가 있는지도 확인해야 한다. 많은 가게에서 우편 서비스를 제공하기 때문에, 집에서 빠르고 편리하게 물건을 받아볼 수도 있다.

가격이 정해져 있지 않은 경우도 있지만 계속 흥정하는 건 홍콩 스타일이 아니다. 가격이 싼 가게라면 여러 개를 샀을 때 조금 더 할인을 받을 수도 있겠지만, 일반적으로는 그냥 사도 무방할 정도로 싼 가격일 것이다. 좀 더 가격이 높은 가게라면 더 할인을 해줄 수 없는지 물어볼 필요가 있다. 전자 제품 가게나 보석점에서는 이런 방법이 꽤 잘 통한다. 다른 가게의 가격을 미리 알아두고 흥정에 써먹을 수도 있다.

센트럴에 있는 대부분의 상점은 매일 오전 10시에 문을 연다. (부티크는 11시 혹은 12시에 열기도 한다.) 문 닫는 시간은 오후 8시 이후로 자유롭다. 슈퍼마켓은 오전 9시부터 오후 9시나 10시까지 연다. 코즈웨이베이나 침사추이 같은 바쁜 소매상권의 가게들은 좀 더 늦게(오전 11시부터 오후 11시까지) 문을 열고 닫는 경향이 있다. 은행은 월요일부터 금요일까지는 오전 9시부터 오후 4시 또는 5시까지 영업하며, 토요일은 오전 9시부터 오후 12시 30분까지만 연다.

【 쇼핑몰 】

홍콩에는 아름다운 디자인의 복합쇼핑몰이 여럿 있다. 원하는 물건이 무엇이든 쇼핑몰에서 다 손에 넣을 수 있을 정도다. 센트럴에 있는 퍼시픽플레이스, IFC몰, 랜드마크 그리고 주룽의 페스티벌워크 등이 대표적이다. 관광객이나 지역 주민들 모두에게 인기 있는 세계적으로 유명한 디자이너의 제품도 찾을 수 있다. 쇼핑하다 지치면 에너지를 충전할 수 있는 멋진 커피바와 고급 레스토랑도 있다.

【 백화점 】

홍콩 전역에는 세계 여러 나라에서 진출한 월드 클래스 백화점들이 있다. 센트럴에 있는 레인크로포드, 윙온, 신시어 백화점은 홍콩 소유다. 일류 외국 회사 중에는 일본의 소고, 시티 슈퍼, 영국의 막스앤스펜서가 있다. 패션, 가정용품뿐만 아니라 미각을 자극하는 푸드홀도 있다. 특히 유에화 백화점에 가면 다양한 중국 상품도 구매할 수 있다.

【 공장 직영 매장 】

많은 외국인은 공장 직영 매장, 즉 아울렛에서 좋은 물건들을 찾는다. 아울렛에서는 샘플이나 약간의 하자가 있는 제품뿐만 아니라, 질 좋은 재고품이나 전 시즌 상품을 살 수 있다. 여기서 물건을 살 때는 눈에 띄는 결함이 없는지 상품을 유의 깊게 살펴보도록 하자.

대부분의 아울렛은 여성복을 전문적으로 취급하며 실크,

캐시미어, 면, 린넨, 니트웨어 등을 판다. 아울렛이 인기 있는 이유는 무엇보다 저렴한 가격 때문이다. 또한 유명한 디자이너의 옷을 생산하는 공장에서 라벨을 떼고 팔기도 한다. 남성복과 아동복을 파는 아울렛도 몇몇 있다. 자기, 가구, 초를 전문적으로 취급하는 아울렛도 있으니 홍콩관광진흥청에서 아울렛 쇼핑에 관한 정보를 얻는 것도 좋다. 센트럴의 페더빌딩, 페더스트리트, 주룽 침사추이의 그랜빌로드에 수많은 의류 아울렛이 있다. 인기 있는 아울렛 대부분은 홍홈에 있는 큰 창고지역, 카이저 이스테이트에 집중되어 있다.

【 시장 】

홍콩의 도심지에는 어딜 가나 지붕이 있는 재래시장이 있어서 다양한 신선 식품, 저렴한 옷과 가정용품을 살 수 있다. 센트럴의 더레인스, 코즈웨이베이의 자딘스바자처럼 노점으로 유명한 지역도 있다. 야우마테이나 스탠리마켓의 야외 야시장도 관광객들에게 인기가 많다. 몽콕 통초이거리의 레이디스마켓도 저렴한 옷과 액세서리, 가정용품으로 유명하다. 주룽의 프린스 에드워드역 근처 플라워마켓과 제이드마켓은 꽃과 옥을 파는 특별한 시장이다.

【 미술품과 수공예품 】

차이나프로덕트, 유에화, 차이니즈아트앤크라프트(CAC)에 가면 다양한 중국 미술품과 수공예품을 만날 수 있다. 상하이탕은 품질 좋고 흔하지 않은 물건을 파는 체인점이다. 성완에 있는 할리우드로드와 캣스트리트는 골동품 거리로, 실크나 자수, 자기, 금속 공예품을 볼 수 있다.

【 옥 】

옥을 나타내는 한자는 순수함, 귀족적임, 아름다움이라는 세 가지 형용사와 관련이 있다. 중국인들은 늘 옥을 소중하게 생각해왔기 때문에, 야우마테이의 제이드마켓에 있는 400여 개의 가판대에 방문하면 반지부터 정교하게 조각된 불상까지 다양한 종류와 스타일의 옥 장식품을 볼 수 있다. 색은 흰색부터 검은색에 가까운 짙은 녹색까지 다양하다. 최상급 옥은 깨끗하고 투명한 밝은 녹황색 또는 진녹색이며, 만졌을 때 차갑고 매우 비싸다. 대부분 옥에는 노르스름한 빛이 도는데, 뿌옇거나 회색, 갈색이 더해지면 가치가 떨어진다. 옥은 수호석으로 여겨져서 아기에게 선물하는 경우도 있다.

【 양복 】

홍콩은 질이 좋고, 빠르고 솜씨가 뛰어난 양복점이 많은 것으로도 유명하다. 주룽의 침사추이에 있는 네이든로드에 가면 중국인과 인도인이 경영하는 수많은 양복점을 볼 수 있다. 실크로 된 중국식 청삼부터 비즈니스 슈트, 당신이 가장 좋아하는 옷의 카피 제품까지 무엇이든 만들어준다.

【 보석과 시계 】

고급 보석과 시계 가게는 홍콩에 넘쳐난다. 가격은 그렇게 싸지 않지만 질과 다양함이 믿기 어려울 정도다.

【 전기 제품과 전자 제품 】

홍콩은 작고 유용한 장치를 무척 좋아하기 때문에 전기, 전자 제품 코너에 가면 싸고 질 좋은 상품을 쉽게 찾을 수 있다. 수백 개의 상점에서 카메라, 가정용 기기, AV 기기, 컴퓨터 등을 팔고 있다. MTR 삼수이포역 근처 골든컴퓨터아케이드와 골든쇼핑센터, 완차이컴퓨터센터(130 헤네시로드), 298컴퓨터존(298 헤네시로드)은 하드웨어와 소프트웨어 가게로 가득 차 있다. 이곳들은 싸고 다양한 제품들을 파는 것으로 유명한데, 다만 경찰이 저작권 침해를 엄중 단속하기 시작한 이후 예전처럼 믿을 수 없을 정도의 싼 가격은 기대할 수 없게 되었다.

【 광학 제품 】

홍콩에서는 합리적인 가격의 안경과 콘택트렌즈를 놀라울 정도로 빨리 만들 수 있다. 안경점에는 어마어마하게 다양한 안경테가 구비되어 있다. 안경사가 상주하고 있어 바로 손님을 봐줄 수 있고 무척 전문적이다. 몇 분 안에 무료 시력 측정도 받을 수 있다.

국제적인 오락거리

홍콩에는 늘 쇼와 콘서트가 넘쳐난다. 해외의 유명 연주자들이 아시아에서도 꼭 홍콩을 거쳐서 가기 때문에 탑 오케스트라, 극단, 댄스 그룹, 솔로 아티스트 등을 쉽게 만날 수 있다. 크기와 수용인원이 다양한 매력적인 공연장도 15개나 있다.

매년 홍콩에서는 40개가 넘는 나라가 참가하는 홍콩국제영화제, 아시아태평양 지역에서 가장 흥미로운 이벤트 중 하나인 홍콩아트페스티벌이 열린다. 아트바젤홍콩은 2013년에 시작되었는데, 2008년에 시작된 홍콩아트페어(ArtHK)가 그 전신이다. 지금은 수많은 아트페어와 부속 이벤트가 일 년 내내 열리고 있다. 레전드오브차이나, 뉴비전아트페스티벌 같은 범아시아 문화 행사도 격년으로 열린다. 홍콩은 필하모닉 오케스트라, 차이니즈 오케스트라, 신포니에타뿐만 아니라 발레단과 무용단도 가지고 있다.

편안히 쉴 수 있는 곳에 관심이 있다면, 호텔 꼭대기에 라이브 음악을 선보이는 바가 있다. 프린지클럽에서는 코미디와 재즈를 감상할 수 있고, 춤과 음악을 즐길 수 있는 클럽도 무척 많다.

세계 영화도 흔하게 볼 수 있다. 깔끔한 현대식 멀티플렉스 영화관이 여럿 있으며 대부분 신작 영화는 매우 빨리 개봉한다.

센트럴의 할리우드로드에는 미술 화랑과 골동품 화랑이 많으며, 이 외에도 공공 미술관과 사립 화랑도 있다.

자세한 사항은 홍콩관광진흥청 웹사이트를 참조하기 바란다.

중국식 오락거리

홍콩 차이니즈 오케스트라와는 별개로 중국 음악을 연주하는 소규모 음악단도 여럿 있다.

광둥식 오페라인 월극은 이 지역의 가장 전통적인 오락거리이며 가볍게 경험해볼 만한 가치가 있다. 일 년 내내 다양한 극장에서 여러 가지 프로그램을 선보인다.

광둥어 때로는 표준 중국어로 부르는 광둥팝은 홍콩에서 무척 인기가 있지만 요즘에는 케이팝(한국 대중음악)이 제일 멋진 것으로 여겨진다. 많은 케이팝 스타들이 홍콩 영화에 등장하기도 하고 홍콩에서 콘서트를 열기도 한다.

홍콩 영화 산업의 전성기는 이미 지난 듯하지만, 아직도 홍콩과 본토 영화에 대한 인기가 높다. 영화는 영어와 중국어 자막을 입혀서 상영한다. 홍콩 영화를 통해 이 지역의 문화에 대해 쉽게 배울 수 있지만, 폭력적인 게 싫다면 삼합회가 나오는 영화는 피하도록 하자.

홍콩 문화를 흠뻑 맛보고 싶은 외국인 관광객을 위해 관광진흥청은 여러 장소의 다양한 문화적 측면을 소개하는 투어를 제공하고 있다.

나들이와 여행

도심지는 흥미로운 것들로 가득 차 있다. 초현대적인 요소와 전통적인 요소가 공존하기 때문이다. 관광진흥청은 도시와 주변을 도보로 여행하고 싶어 하는 사람들을 위해 소책자도 만들었다. 하지만 어디론가 떠나고 싶다면 복잡한 도시를 탈출할 수 있는 여러 가지 방법도 있다. 홍콩 영토의 40% 정도는 국립공원이기 때문에 빌딩이라고는 찾아볼 수 없는 푸른 숲과 초원 지대를 찾아가면 된다. 금빛 모래와 험준한 절벽이 있는 눈부시게 아름다운 해변도 있다. 바닷물에는 주강뿐만 아니라 지역의 수원에서 떠내려온 쓰레기, 주로 플라스틱 조각이 잔뜩 보일 때가 있다. 정부는 해변을 정화하고 오염 여부를 모니터하기 위해 수많은 노력과 돈을 투자하고 있다.

【 홍콩섬 】

날씨가 맑다면 가장 먼저 가볼 곳은 피크다. 홍콩섬에서 가장 높은 산이며 피크 트램으로 쉽게 접근할 수 있다. 트램을 타고 도착한 곳에는 평평한 산책로가 나 있어서 복잡한 도시와 초록 산비탈, 남중국해의 풍경을 동시에 즐길 수 있다. 느긋하게 걸으면 2시간 정도 걸리지만 그만한 시간을 투자할 가치가 있다. 구간 중 일부는 피트니스 코스이니 좀 더 운동이 되길 원한다면 이용하면 된다. 더 힘든 길을 원한다면 트램역에서부터 피크 정상까지 등반을 할 수도 있다. 피크의 정상에서는 전망대와 옛 총독의 산장 터를 볼 수 있는데, 건물은 이미 불에 타 없어졌지만 아름다운 정원은 아직 남아 있다.

도시적인 애드미럴티의 풍광 가운데에 홍콩공원은 초록 오아시스가 되어준다. 공원에는 큰 새장과 온실, 홍콩비주얼아트센터, 홍콩다기문물관이 있다. 자연 경관과 조화를 이룬 현대 정원의 디자인과 시설을 보여주는 좋은 예다. 공원 위쪽으로는 동물원, 식물원이 있어 도시 한가운데에서 초록을 즐길 수 있다. 흥미로운 동물과 화려한 색깔의 새가 여럿 있으며 앉아서 쉬거나 자연을 즐길 장소도 있다.

오션파크는 생동감 넘치는 테마파크로 판다, 돌고래 쇼, 굉장히 매력적인 아쿠아리움뿐만 아니라 다양한 종류의 볼거리

와 놀이기구가 있다. 오션파크에서는 남중국해가 훤히 내려다보이며, 절벽을 가로질러 운행하는 케이블카를 타고 장관을 즐길 수 있다. 생일인 사람은 홍콩 신분증을 소지하면 공짜로 입장할 수 있다. 다소 요금이 비싸기는 하지만 온 가족이 즐거운 하루를 보낼 수 있는 곳이다.

애버딘은 홍콩섬의 가장 오래된 거주지로 어업의 중심지다. 예전에는 많은 주민이 항구에 있는 배 안에서 살았지만 대부분 평범한 고층 건물로 이주했고, 지금은 대신 깔끔한 정박지가 자리하고 있다. 애버딘항에 있는 유명한 수상 레스토랑에서는 해산물과 중국 요리를 판매한다.

리펄스베이와 스탠리는 홍콩섬 남부의 주요 정착지다. 스탠리에서 리펄스베이로 나 있는 길을 따라 달리다 보면 아름다운 풍광을 만날 수 있다. 리펄스베이에는 매우 깨끗하게 유지되고 있는 큰 해변이 있으며, 1920년대 풍으로 꾸민 호텔과 불교 사원이 있다.

스탠리는 가장 유명한 시장 지역 중 하나로 옷과 공예품을 매우 싼 가격에 살 수 있다. 몇 년 전 폐쇄될 뻔한 위기를 겪었지만 시장 상인들과 분노한 쇼핑객들이 시위를 한 끝에 좋은 결실을 얻었다.

섹오와 빅웨이브웨이는 홍콩섬 서부의 바닷가 마을로 아름다운 해변이 있다. 두 곳 다 드래곤스백 하이킹 코스를 따라가면 만날 수 있다.

【 란타우섬 】

란타우섬에는 포린사의 천단대불을 포함해 꼭 봐야 할 몇 가지 풍경이 있다. 포린사에 가려면 옹핑360 케이블카를 이용하는 방법도 있다. 옹핑360은 테마파크로, 아주 긴 케이블카와 곤돌라, 관광객을 위한 음식점과 찻집 등을 모두 포함한다.

홍콩 디즈니랜드 역시 란타우섬에 있다. 하지만 중국 본토 관광객들을 겨냥해 만든 것이기 때문에 다른 디즈니랜드를 경험한 사람이라면 실망할 수도 있다.

완전히 홍콩에서만 즐길 수 있는 경험을 하고 싶다면 홍콩에 남아 있는 유일한 수상마을 타이오까지 트랭킹을 하면 된다. 무이워 페리 터미널에서 출발하는 버스를 타면 란타우섬과 대불상이 한눈에 들어온다. 타이오 마을 부두에서 작은 보트를 타고 나가면 진귀한 분홍 돌고래를 만날 수도 있다. 공휴일에는 매우 붐빈다는 사실을 꼭 기억하자.

주룽이나 신제, 외딴 섬들, 마카오 등에도 풍경이 뛰어난 곳

이나 보고 즐길 곳이 무척 많다. 홍콩관광진흥청 웹사이트에
서 더 많은 정보를 찾아보길 바란다.

밤 문화

홍콩은 저녁에 갈 만한 곳도 엄청 많다. (보통 오후 5~8시까지 해당
되는) 해피아워 드링크와 저녁식사를 마치면 템플거리 야시장
을 돌면서 이미테이션 시계나 의류 등을 구경하자. 원한다면
운세도 볼 수 있다. 좀 더 기분 좋게 피로를 풀고 싶다면 침사
추이 근처, 란콰이퐁이나 소호, 완차이 등지에서 노래방 시설

이 있는 바를 찾아보자. 란콰이퐁에는 바와 디스코텍이 놀랍도록 많은데 밤새도록 술집을 돌아다녀도 똑같은 느낌의 가게를 발견할 수 없을 정도로 분위기가 다채롭다.

호텔 커피숍은 24시간 운영한다. 야간 버스도 운행하니 새벽까지 나가서 즐기고 싶다 해도 문제될 게 없다.

스포츠와 운동

축구장이나 야구장으로 쓸 공간이 부족하기 때문에 어린이들이 다양한 스포츠를 즐길 기회가 거의 없다. 대부분 수영을 배우며, 농구를 좋아하는 사람들이 많아서 도시 곳곳에 농구장이 있으며, 배구와 탁구도 인기가 있다. 몇몇 고등학교에는 암벽 등반 연습용 인공 벽이 있다. 외국인이나 국제학교에 다니는 아이들의 경우 럭비, 미식축구, 테니스를 즐겨 배운다. 골프도 인기가 많지만 퍼블릭 코스는 매우 붐비며 프라이빗 코스는 너무 비싸다.

성인들은 체육관에 갈 수도 있고 걷기 운동을 할 수도 있다. 국립공원에 가면 피트니스 코스가 있는 곳이 있기 때문에

이곳에서 하이킹을 하기도 한다. 전통적으로 중국인들은 아침 일찍 일어나 공터로 나가거나 가능하다면 언덕에 올라 태극권을 한다. 여러분도 최면을 거는 듯한 느릿한 운동에 함께 동참해도 좋다. 통계에 따르면 태극권은 주로 유연성 있고 건강하며 기대 수명이 높은 노인들이 즐겨 하는 경향이 있다. 외국인들은 수영장이나 테니스 코트 등의 레저 시설이 있는 레크리에이션 클럽에 가입하는 경우가 많다.

07

여행, 건강 그리고
안전

홍콩은 생기 넘치고 시끄럽다. 그래서 도착하자마자 신나기도 하지만 분위기에 압도될 수도 있다. 하지만 홍콩은 생활하기 편리하다. 교통이 잘 정리되어 있고 규칙적이며 교통비가 비싸지 않다. 또한 표지판에는 한자뿐만 아니라 영어도 적혀 있다. 많은 사람이 영어를 하기 때문에 도움을 구하기도 편하다.

도착

홍콩은 생기 넘치고 시끄럽다. 그래서 도착하자마자 신나기도 하지만 분위기에 압도될 수도 있다. 하지만 홍콩은 생활하기 편리하다. 교통이 잘 정리되어 있고 규칙적이며 교통비가 비싸지 않다. 또한 표지판에는 한자뿐만 아니라 영어도 적혀 있다. 많은 사람이 영어를 하기 때문에 도움을 구하기도 편하다. 홍콩은 유명한 여행지이므로 도착하자마자 숙소를 찾느라 허둥대는 것보다는 첫날 밤 숙소는 미리 예약해두는 것이 좋다. 하지만 3월에 열리는 홍콩럭비세븐 같은 성수기 때는 가격에 상관없이 숙소가 부족할 수 있다.

돌아다니기

홍콩은 다른 어떤 도시보다 다양한 교통 수단이 있기 때문에 여행이 훨씬 더 즐겁다. 대중교통 요금은 옥토퍼스카드로 지불하는 것이 가장 좋다. 비접촉식 스마트 카드인 옥토퍼스카드는 모든 주요 교통 수단뿐만 아니라 다양한 음식점에서도 사용 가능하다. 가방이나 지갑 안에 넣어도 작동하기 때문에 편리하다. 스마트칩은 반지나 다른 패션 아이템에 내장할 수도 있어서 지역 주민들에게 인기가 좋다. 하지만 신속한 여행을 위해 공항에서 도심까지 가는 다른 티켓을 별도로 구매한 경우에는 옥토퍼스카드를 구매하는 것이 메리트가 없을 수도 있다. 여행객들이 카드를 기념품으로 가져가면 운영업체에 비용 부담이 많이 생기기 때문에 보증금도 내야 한다. 반면 홍콩에 정기적으로 방문하는 사람이라면 기한이 만료될 때까지 카드를 소지하는 편이 좋다. 보증금을 돌려받고 싶다면 MTR이나 공항에 있는 고객 서비스 센터에 가서 카드를 내면 된다. 카드를 사지 않는다면 잔돈을 많이 준비해두자. 버스나 지하철을 이용할 때 잔돈을 거슬러주지 않기 때문이다.

【 바다 】

홍콩은 지형이 나뉘어져 있기 때문에 연락선이 많이 이용된다. 홍콩섬과 주룽반도를 100년 넘게 운항하고 있는 스타페리를 가장 흔히 볼 수 있다. 배에는 모두 '스타'로 끝나는 이름이 붙여 있으며 하단에 초록색 페인트가 칠해져 있다. 요금은 저렴하며 별 시설 없이 단순하다. 항구와 스카이라인의 경치를

구경하기에는, 특히 매일 오후 8시에 열리는 심포니 오브 라이트 쇼를 관람하기에는 최고의 방법이라고 할 수 있다.

외딴 섬에 갈 때는 두 종류의 연락선을 이용할 수 있다. 느리고 평범한 것과 좀 더 빠르고 화려한 것이 있는데, 이 페리를 타보는 것만으로도 가치가 있다. 도시를 떠나 외딴 섬에 도착하면 반도와 섬이 어우러진 뻥 뚫린 풍경을 감상할 수 있다.

【 철도 】

홍콩에는 매우 빠르고 좋은 지하철, MTR이 있다. 10개의 지하철 노선과 12개의 경전철 노선, 총 87개의 지하철역과 68개의 경전철역이 있다. 피크 타임에는 모든 역이 붐비지만, 그 외의 시간이라면 1km 이상의 거리는 MTR로 이동하는 것이 가장 좋다. 에어컨도 가동되고 금연이며 자주 오고 깨끗하기 때문이다. 게다가 홍콩 주룽의 홍홈역에서 중국 본토까지 운행하는 열차도 있다.

당신이 피크에 오르는 게 처음이라면 피크 트램을 꼭 타보도록 하자. 정확히는 트램이라기보다는 케이블카인데 1888년 스위스 회사가 만든 것으로 당시에는 증기 엔진으로 움직였다. 센트럴에서 굉장히 가파른 각도로 마천루 사이를 지나가다 보면 항구와 주룽 지역 풍경이 파노라마처럼 펼쳐진다.

진짜 트램은 홍콩섬 북부 해안 평지에서 운행하며, 아름다운 도시를 관광하기에 가장 저렴한 방법일 것이다. 승하차역

이 굉장히 많기 때문에 단거리 시티 투어를 하기에는 최적의 방법이다. 1970년대에는 현대적이지 않다는 이유로 트램을 없애자는 움직임도 있었지만 다행히 보존되었고, 붐비는 버스와 MTR을 피하고 싶어 하는 많은 사람을 실어 나르고 있다. 요금은 트램에 붙어 있으며 탈 때 요금통에 동전을 넣거나 옥토퍼스카드를 찍으면 된다. 홍콩의 운송 수단 중 가장 저렴하다.

【 도로 】

홍콩 전 지역에 버스 노선이 있기 때문에 시간만 충분하다면 거리의 모습을 구경하며 여행하기에는 버스가 최고라고 할 수 있다. 요금은 정류장과 버스 내부에 게시되어 있다. 버스에 탈 때 요금통에 요금을 넣거나 옥토퍼스카드를 이용하면 된다.

좀 더 빨리 움직이고 싶다면 정지 신호를 누를 때만 정차하는 미니버스를 이용할 수도 있다. 초록색 미니버스는 정해진 노선이 있지만, 때때로 경로에서 벗어날 때가 있다. 몇몇 지역에서는 승객이 원하는 장소에 멈춰주지만 대부분은 정해진 정류장에서만 내릴 수 있다. 빨간색 미니버스는 노선이 좀 더 자유로워서 어떤 경우에는 광둥어가 필요할 수도 있다. 요금은 다른 버스에 비해 비쌀 수도 있다. 각 노선의 종점과 버스 내부 요금통에 요금이 적혀 있는데, 이동한 거리에 따라 다른 요금을 낸다. 혹시나 요금이 확실하지 않은 것 같으면 운전사를 의심쩍은 눈초리로 쳐다보자. 당신이 원하는 장소에서 미니버스를 멈추고 싶다면, '요우록!'이라고 외치면 된다.

택시도 값어치를 한다. 도심 지역의 빨간 택시는 좀 더 싸고, 신제 지역의 택시는 초록색, 찾아보기 힘든 란타우 지역의 택시는 파란색이다. 팁을 내는 것이 의무는 아니지만 환영받는다. 어떤 택시 기사는 말을 걸기도 하지만 대부분은 그렇지 않다. 모든 기사가 영어를 능숙하게 사용하는 것은 아니므로 목적지의 주소를 한자로 적어가는 것도 좋은 방법이다. 우버 앱을 통해 우버택시를 예약하는 것도 홍콩을 둘러보는 방법 중 하나로 인기가 많아졌다. 우버택시는 개인 차량으로 운행하는 운송 수단으로, 신용카드로만 요금을 지불할 수 있다. 하지만 어떤 기사는 택시 기사보다 길을 잘 모를 수도 있고, 차가 너무 작을 수도 있다는 사실을 잊지 말자.

신제 지역까지 멀리 여행하는 게 아니라면 자동차 렌트는 추천하지 않는다. 택시를 비롯한 대중교통으로도 충분하며 가격도 저렴하기 때문이다. 그리고 도로가 매우 붐비고 일방통행로가 복잡해서 여행객이 운전하는 것은 위험할 수 있다.

머물 곳

홍콩 방문 일정이 2~3일로 짧다면 센트럴, 미드레벨, 침사추이 등 중심지에 숙소를 잡는 것이 좋다. 관광객을 위한 숙소는 아주 비싼 곳부터 싼 곳까지 다양하다. 배낭족들은 악명 높은 충킹맨션에서 지낼 수도 있다. 카레 가게나 다른 허름한 가게 틈에 있는 창문도 없는 게스트하우스지만 말이다.

사업차 온 사람들이라면 약속 장소로 어디가 좋을지 궁금할 것이다. 특히 지하철보다 택시를 선호하는 사업가라면 돌아다니느라 시간을 낭비하는 것보다는 홍콩섬 중심지에서 약속을 잡으면 된다. 요즘은 점점 더 많은 회사들이 센트럴, 애드미럴티, 코즈웨이베이 같은 중심지에서 멀리 떨어진 신제의 쿤통 같은 지역에 회사를 열고 있으니 미리 대비하자. 홍콩섬은 일반적으로 주룽 지역보다 숙박 시설 요금이 비싸다. 물론 주룽의 침사추이나 몽콕 같은 곳에 고급 호텔이 있긴 하지만 말이다. 단기 숙박 시설도 사업가나 집을 수리하는 사람들에게 인기가 많다. 홍콩섬과 주룽 근처에는 호텔 같은 서비스를 제공하는 아파트가 많아서, 외국인을 초대한 회사에서 처음 몇 주간 지낼 숙소로 이런 아파트를 대여해주기도 한다.

건강

홍콩 의료 서비스는 최고다. 개인적인 서비스를 제공하는 병원
과 의사도 많지만, 영국의 국가 보건 서비스(NHS)를 기반으로
한 공공 보건 서비스가 굉장히 잘 마련되어 있다. 결핵이 만연
하던 시대는 갔다. 요즘은 동물들도 광견병 예방 주사를 무료
로 맞을 수 있다. 조류 독감 같은 문제는 보통 국경을 넘나드
는 동물 또는 중국 본토 사람들을 포함해 매일 홍콩을 드나드
는 수많은 관광객 때문에 발생하는 것이다. 말라리아는 발견
되지 않으며 일본 뇌염에 대한 경고문이 있기는 하지만 일반적
으로 모기는 질병을 옮기기보다는 그저 물 뿐이다.

　회사는 대부분 아주 기초적인 수준이기는 하지만 고용인에
게 건강보험을 제공한다. 관광객들은 홍콩에 도착하기 전에 건
강보험에 드는 것을 추천한다. 홍콩의 습도와 기온 때문에 일
반적인 감기부터 피부 문제, 박테리아 감염, 열대성 질병까지
걸릴 수 있기 때문이다. 홍콩 사람들은 탈수증에 걸리는 경우
가 아주 드물지만, 습도가 98%나 되는 여름철에는 야외에 있
다가 땀을 과하게 흘릴 수 있으니 늘 수분 보충을 잘 해주어
야 한다. 홍콩인들처럼 자주 외식을 하다 보면 식중독에 걸릴

수도 있다. 사스가 크게 유행하고 난 뒤로는 작은 가게에서도 위생에 신경을 쓰게 되었으며 일부 가게는 일회용 커트러리를 사용하기도 한다. 대부분의 홍콩인들에게 일종의 세균 공포증이 생겨서 감기에 걸리면 수술용 마스크를 끼고 손 소독제도 자주 사용한다. 이런 행동이 세균이 퍼지는 걸 막아주는지 입증된 바는 없지만 홍콩은 워낙 복잡한 지역이다 보니 자주 손을 씻는 건 현명한 방법이다.

병원에 방문하고 싶다면 원하는 스타일을 고를 수 있다. 홍콩인들은 일반의를 만나는 데 비용이 들지 않는다. 외국인의 상담 비용은 200홍콩달러(25미국달러) 정도에서 시작하며, 담당 관할 구역 같은 것은 없다. 센트럴 같은 지역에 있는 의사는 코즈웨이베이나 다른 지역의 의사들보다 다섯 배나 비싼 요금을 청구할 수도 있다. 대부분 의사들은 외국에서 의대를 졸업했으며 진료실에 자격증을 전시해놓는다. 홍콩에서 수련의를 거쳤으면 더 좋은 평판을 얻는다. 지역 보건의는 처방을 내리고 약을 조제해주기도 한다. 약국이 보통 더 싸기 때문에 처방전을 받아서 약국으로 가려면 미리 말하면 된다.

어디에서나 일반의약품을 살 수 있지만 약사와 상담을 하고 싶다면 미리 포장된 한약을 팔기도 하는 지역 약국에 방문하는 것이 좋다. 왜냐하면 매닝스, 왓슨스 같은 생활용품 체인점에 가면 진통제 같은 기본적인 약을 팔기는 하지만 조제실이나 약사가 없으며 당신이 필요한 특정 일반의약품을 구하지 못할 수도 있기 때문이다. 처방전 없이 살 수 있는 일반의약품이 매우 적은 편이며, 그래서인지 홍콩에는 처방전 없이 처방전 약을 불법으로 파는 약국들도 여럿 있다.

【 중국식 의술 】

홍콩인들은 서양과는 전혀 다른 방식으로 몸을 이해하는 전통적인 중국의 의술을 매우 신뢰한다. 많은 홍콩인들은 어떤 병에 걸렸느냐에 따라 한의사와 양의사를 골라서 방문한다. 정부가 승인받은 한의사 진료의 목록을 가지고 있기는 하지만 양의사들만큼 엄격하게 규제하고 있지는 않다. 당신이 홍콩 방문객이라면, 통역을 제대로 해주고 치료 방법을 명확하게 설명해줄 수 있는 사람을 대동하여 한의사를 찾아가는 것이 최선이다. 중국식 치료법은 침술과 접골부터 약초나 약재를 이용하는 방법까지 다양하다. 대부분의 치료는 한 번에 끝나지 않고 여러 차례 이어지며, 약재료도 장기간 복용해야 한다.

안전

일반적으로 홍콩인들은 법을 준수하며 범죄율이 낮다. 소매치기가 흔하지는 않지만 만약을 대비해 소지품을 잘 챙기도록 하자. 그러나 대체로 다른 지역보다 편안하고 걱정 없이 지낼 수 있다. 택시에 휴대전화를 놓고 내리면 다시 찾지 못할 가능성이 크다. 여행보험을 통해 청구할 것이 있다면 경찰서에 가서 신고를 하면 된다. 하지만 홍콩 경찰들이 이런 사소한 사건에 관심이 있을 거라고는 기대하지 말아야 한다.

부정부패와 삼합회 활동이 여전히 존재하지만 과거에 비하면 훨씬 덜하므로 방문객들은 홍콩이 조용하고 안전한 곳이라고 생각할 것이다. 비록 란콰이퐁 같은 유흥 지역에서는 종종 술 취한 사람들끼리 다툼이 벌어지기도 하지만 말이다.

08

비즈니스 현황

홍콩은 비즈니스가 전부며, 비즈니스는 홍콩 사람들이라면 누구나 말하는 주제다. 때문에 사업가로서는 업무 시설이 마련된 호텔부터 저렴하고 효율적인 통신 기술, 주변에 흔히 있는 음식점까지 홍콩 생활이 쉬울 수밖에 없다. 그러나 홍콩의 중국인 사업가와 협상할 때는 조심해야 할 사안이 많다는 것을 명심하자.

왜 홍콩에서 사업을 하는가?

유럽에 있는 홍콩경제무역대표부 부장은 2003년, 홍콩인들은 세계에서 가장 자유로운 경제, 가장 낮은 범죄율과 부패지수, 가장 바쁜 컨테이너항, 가장 인기 있는 국제공항, 가장 분주한 항공 화물 허브, 가장 독립적인 사법부, 가장 강력한 법 체제, 가장 널리 보장되는 자유를 갖기 기대한다고 말했다.

홍콩은 지리적 위치 때문에 북미가 밤이고 유럽이 이른 아침일 때 낮 시간이다. 이는 유럽, 미국, 홍콩에 사무실을 둔 회사라면 어떤 특정한 프로젝트를 24시간 가동할 수 있다는 뜻이다. 금융 서비스와 통신이 가능한 지역이라면 더더욱 유용할 수 있다.

홍콩의 경제

홍콩은 자유시장경제로 오랫동안 번영을 누려왔다. 천연자원이 거의 없는 곳이라 본래 영국과 중국 간의 무역이 생명선이었다. 식료품의 90%와 원자재 일체는 수입된다. 재수출을 포함해 수입과 수출은 달러 가치로 GDP를 넘는다. 헤리티지재단에 따르면 홍콩은 20년 넘게 세계에서 가장 자유로운 경제국이라는 위치를 고수해왔다. 엄격하게 통제되고 있는 중국 경제와는 달리 최소한의 규제와 낮은 세금으로 여전히 자유로운 분위기를 유지하고 있다.

홍콩은 항상 본토와 광범위한 무역과 투자를 했으며, 세계로 열린 중국 무역의 창 역할을 하고 있다. 하지만 중국에 반환되고 나서 경제적 결합은 한층 더 강력해졌다. 2001년에 중국이 세계무역기구 회원국이 되면 홍콩이 큰 피해를 입을 것이라는 공포가 있었으나 이는 기우에 그쳤다. 홍콩은 여전히 중국의 관문 역할을 하고 있으며, 중국이 개방을 하여 외국 사업가들이 투자하고 무역하기 더 쉬워졌음에도 불구하고 홍콩이 더욱 안전하다는 인식은 여전하다. 많은 제조 센터가 노동력과 생산비가 싼 본토로 옮겨갔지만, 본사는 법률적인 이유로 여전

히 홍콩에 남아 있다. 하지만 현재 경제 상황에서는 제조업이 쇠퇴하고 있는 반면 서비스업이 강세인데 그중에서도 금융 서비스업이 특히 강세다.

2003년 홍콩에서 300명, 세계에서 수천 명의 희생자를 낸 사스 때문에 경제도 큰 영향을 받았다. 사스에 대한 경계로 홍콩 관광업과 항공 산업이 멈춰버렸다. 실업률이 8.7%로 치솟았고 1997년 이후 곤두박질쳤던 부동산 시장이 더욱 침체되었다. 하지만 경제는 눈부시게 회복하여 부동산과 상품 가치가 2003년 가격을 넘어섰다. 가장 성장이 두드러진 분야는 역시나 해외 무역과 관광업이었다.

2003년 6월에는 중국 본토와 경제협력동반자협정(CEPA)을 맺어서 다른 경쟁국보다 홍콩에 확실한 어드밴티지를 주기로 약속했다. 중국은 본토와 홍콩 간의 여행 제한을 점차 완화했고, 본토 관광객은 가장 큰 경제 성장의 원천으로 작용했다.

2013년 중화인민공화국은 유라시아와 교류하고 협력하기 위해 (일대일로, 실크로드 경제벨트라고도 알려진) 벨트 앤드 로드 이니셔티브Belt and Road Initiative를 제안했다. 중국 지도자 시진핑은 프로젝트 개발을 위해 사용될 400억 미국달러의 기금을 약속했다. 홍콩은 법률과 관련된 분야를 비롯하여 많은 산업을 아우르고 있기 때문에 이 계획에서 중요한 역할을 하고 있다. 홍콩의 많은 기업은 최대한의 기금과 관심을 이끌어내서 이 사업을 띄우기 위해 최선을 다하고 있다.

사업을 시작하기 전에

홍콩은 비즈니스가 전부며, 비즈니스는 홍콩 사람들이라면 누구나 말하는 주제다. 때문에 사업가로서는 업무 시설이 마련된 호텔부터 저렴하고 효율적인 통신 기술, 주변에 흔히 있는 음식점까지 홍콩 생활이 쉬울 수밖에 없다. 그러나 홍콩의 중국인 사업가와 협상할 때 조심해야 할 사안이 많다. 그들이 겉보기에 서양 스타일이라고 해서 행동이나 반응까지 그럴 거라고 생각해서는 안 된다.

중국 사업가들은 타고날 때부터 외국인에 대한 편견을 가지고 있다는 사실을 기억해야 한다. 그들에게 만약 중국인과 사업할 수 있는 옵션이 있다면, 그들은 아마 그 옵션을 선택할 것이다. 그러므로 중국인의 마음에 들기 위해 할 수 있는 최선의 방법은 최대한 중국인처럼 행동하는 것이다.

【 비즈니스 시간 】

홍콩의 사업체들은 월요일부터 금요일까지 일을 한다. 정부는 토요일 근무를 단계적으로 폐지하기 위해 공무원의 주 5일 근무를 시행했지만, 아직도 많은 업체가 토요일 오전 근무를 하고 있다. 일반적으로 오전 9시부터 근무를 시작하지만 조찬회도 드물지 않다. 점심시간은 보통 정오에 시작되며 대부분 공식적으로 오후 6시에 퇴근한다. 금융 관련업은 퇴근 시간이 빨라서 하루 8시간 근무하는 경우가 많다. 그런데 중요한 것은 거의 모든 직원이 퇴근 시간이 지나도 남아 있다는 사실이다. 춘절을 비롯한 공휴일에는 다들 휴식 시간을 가지기 때문에 약속을 잡기 힘들다는 걸 기억하자.

【 약속 】

약속은 가능한 한 미리 잡는 게 좋으며, 시간을 꼭 지켜야 한다. 약속에 늦는 것보다는 빨리 도착하는 것이 나으니 교통 혼잡이나 도로에서 허비하는 시간을 감안하여 시간을 넉넉하게 계산해서 출발하자. 혹시나 약속에 늦으면 매우 실례되는 행동을 한 것이므로, 아무리 불가피한 상황이었다고 해도 심심한 사과를 연거푸 해야 한다. 상대가 지각했다면 관대하고 품위 있는 모습을 보여주자.

【 상대 구별하기 】

홍콩 협상팀 개개인의 직위, 신분, 가족관계 등을 파악하려고 노력하라. 대부분의 사업체는 소규모이며 가족 경영을 한다. 큰 사업체라 해도 다들 친척관계일 가능성이 크다. 나이가 많은 사람은 공경을 받으므로 미팅에서 명목상 대표를 맡을 가능성이 크다. 때문에 모든 대화나 발표를 가장 연장자에게 집중해서 하는 것은 올바르지 않을 수 있다. 연장자는 형식적인 대표일 뿐이기에 젊은 직원이 필요한 정보만 걸러서 전해주는 편을 더 좋아한다.

그러나 더 민주적인 방식을 원한다면 위계질서에 주의를 기울일 필요가 있다. 비서의 말에만 주의를 기울이거나 연장자의 말을 막는 것은 적절하지 않을 수 있다. 젊은 직원에게 인사를 하거나 정중한 표현을 쓰는 것은 언제나 환영받지만, 과하게 친근함을 표현하며 권위를 유지하기는 어려울 것이다. 임무를 내릴 때는 어떤 종류든지 조심해야 한다. 직원에게 너무

하찮은 일이나 책임 범위 밖의 일을 부탁하는 것은 약속 위반이 될 수 있다. 혹시나 당신이 부적절한 요구를 했다면 상대는 조용히 무시할 것이다. 직원이 화를 내면서 반응하는 것도 적절하지 않기 때문이다.

【 이름 】

다시 한 번 말하지만, 격식은 비즈니스 상대를 대할 때 무엇보다 중요하다. 중국식 이름은 성이 먼저이기 때문에 이름이 '리우 캄파이'라면 '미스터 리우'라고 부르면 된다. 때로는 '스테판 리우 캄파이'처럼 서양식 이름을 덧붙여 쓰는 경우도 있다. 대부분의 기혼 여성은 결혼 전 성을 그대로 쓰는데 '그레이스 마 착 카레이'처럼 결혼 전 성과 후의 성을 동시에 쓰는 사람도 있어서 외국인 입장에서는 혼란스러울 수 있다. 하지만 이런 경우에는 '미즈 마' 또는 '미스 마'로 부르면 된다. 결혼 전 성을 계속 쓰기 때문에 기혼 여성에게 '미스'라고 부르는 것이 실례는 아니다. 중국에서는 여성의 성 앞에 '마담'을 붙이는 게 관습이었지만 지금은 약간 구식이 되었다. 교수나 의사 같은 직함은 매우 중요하다.

상대와 친해졌다면 이름만 불러도 될지 혹은 스테판 같은 영어 이름을 불러도 될지 물어봐도 좋다. 홍콩인들은 대개 동료들끼리 서로 성을 부른다.

【 명함 】

명함은 홍콩에서 매우 중요하므로 반드시 지참하도록 하자. 명함의 한 면에는 한자, 다른 면에는 영어로 쓰는 것이 전통이며, 미팅을 하는 동안에는 상대를 중국식 이름으로 불러야 한다. 명함에는 보통 직함과 이름, 회사 이름과 회사 주소, 연락 가능한 전화번호를 적으며, 웹사이트를 적는 것도 일반적이다. 대부분의 명함에는 회사의 로고도 들어간다. 중국 문화에서는 개인 도장이나 회사의 직인이 매우 중요하기 때문에 요즘에는 회사의 로고 대신 직인을 많이 넣는 편이다. 이것이 기억하기에도 더 좋으며 회사의 정체성을 보여주기 때문이다.

명함에 (적어도) 이름만큼은 한자로 표기할 필요가 있다. 중국식 발음이 당신이 생각하는 것과 많이 다를 수도 있겠지만, 중국인이 당신의 이름을 어떻게 읽어야 할지 알려주는 가이드가 될 수 있다.

홍콩에서는 만나면 일단 의례적으로 명함을 주고받는 것을 중요하게 여긴다. 상대방은 당신에게 명함을 주었는데 당신은 명함을 주지 않았다면, 그들은 당신이 친분에 관심이 없거나 상대를 중요하게 생각하지 않는다고 인식할 것이다. 명함은 양 손으로 주고받는 것이 예의다. 한 손으로 명함을 받으면 매우 무례한 행동으로 여겨지며, 한 손으로 명함을 내밀면 당신이 당신의 회사를 무시하고 있다고 오해를 살 수 있다. 상대에게 명함을 받으면 몇 차례 명함을 보면서 읽는 시늉을 해야 한다. 그리고 조심스럽게 명함 케이스에 넣거나 앞에 있는 탁자에 내려놓는다.

【 복장 】

홍콩의 비즈니스맨은 옷에 관해 상당히 보수적이다. 남성들은 어두운색 정장에 수수한 색의 셔츠와 타이를 매치한다. 고위급 여성은 어둡거나 은은한 색에 네크라인이 단정한 긴팔 옷을 입는다. 점잖은 길이의 치마를 입어도 되고 바지를 입어도 괜찮다. 지금 말한 대로만 입으면 실패할 일은 없다. 외국인들은 밝은색 옷을 입기도 한다. 특히 요즘 영국인들 사이에서 유행하는 분홍색 드레스셔츠, 소매나 옷깃에 꽃무늬가 덧대어진 셔츠도 입는다.

【 선물 】

홍콩인 상대를 만날 때는 선물을 가져가는 것이 관례다. 선물의 종류에 대해서는 미리 신중하게 고려해야 하며 포장도 예쁘게 해야 한다. 선물을 포장하지 않으면 무례하다고 여겨진다. 적당한 선물로는 당신의 고향에서 나는 특산물, 수예품, 티테이블용 책* 등이 있다. 선물을 주면 답례품을 받을 수도 있다. 연회를 주최하는 것도 선물로 간주된다. 홍콩 호스트가 당신을 위해 연회를 열어주었다면, 나중에 그들이 당신의 나라에 왔을 때 똑같이 그들을 위한 연회를 열어주는 것이 바람직하다. 상당히 드문 일이지만 홍콩인의 집에 초대를 받았다면 스카치, 일본 위스키, 브랜디를 포장해 가거나 예쁘게 꾸민 과일, 쿠키, 캔디를 가져가면 된다.

하지만 이보다 더 중요한 것은 선물해서는 안 되는 품목이다. 시계는 죽음을 상징한다. 초록 모자를 선물하면 아내가 바람을 피운다는 속설이 있다. 파란 포장지도 죽음과 관련 있기 때문에 선호하지 않는다.

명함과 마찬가지로 선물도 두 손으로 주고받는다. 선물을

---

* 꼼꼼히 읽기보다는 가볍게 넘겨보도록 만든 사진과 그림이 많이 실린 크고 비싼 책−옮긴이

준 사람 앞에서 바로 뜯어보면 참을성이 없거나 탐욕적으로 보이기 때문에 예의에 어긋난다. 선물을 받으면 고맙다는 인사를 하고 한쪽에 두었다가 나중에 열어보자.

홍콩에서 춘절을 보내게 되었다면 평소에 알고 지내는 미혼 부하 사원에게 라이씨를 준비해서 나눠주는 것이 좋다. 춘절 카드(또는 이메일), 때로는 크리스마스 카드도 관계된 사람들과 모두 주고받게 될 것이다.

사교 능력

상대와 만나자마자 바로 사업 이야기를 꺼내는 것은 좋지 않다. 상대방을 천천히 알아가려고 노력하면서 차분하고 편안한 분위기를 조성하자. 찬반이 나뉘지 않는 주제에 대해 예의를 갖춰 대화하는 것이 최고다. 정치 이야기, 특히 중국 정치 이야기는 피하도록 한다. 홍콩의 음식을 칭찬하면 좋다. (대신 상대방이 광둥인이 맞는지 확인해야 한다.) 그리고 건강, 축제, 경마 같은 흥미로운 주제는 괜찮지만 상대를 잘 알기 전까지는 개인적인 생활이나 계획을 묻는 것은 피한다.

홍콩인들이 서양의 솔직함과 개방성에 익숙하다고는 해도 행동에 신중을 기하는 편이므로 당신도 신중하게 행동하면 고마워할 것이다. 강매를 하려 하거나 공격적인 언행을 보이면 안 된다. 너무 직접적인 질문을 하면 넌지시 말하거나 간접적으로 접근하는 것보다 정보를 덜 얻게 될 수도 있다. 특히 부끄럽거나 불쾌한 이야기를 여러 사람 앞에서 꺼내면 안 된다. 이런 종류의 솔직함은 사적인 대화를 위해 남겨두도록 하자. 상대편 직원들 앞에서 그 직위에 맞는 대우를 해주는 것도 중요하다.

【 체면 】

홍콩에서 비즈니스를 하려면 반드시 '체면'이라는 개념을 이해해야 한다. 중국인과의 사업이나 미팅에서 화나 짜증을 내는 것은 생산적이지 않다. 오히려 감정 조절이 안 되는 것으로 보여 당신이 불이익을 받을 수도 있다. 상대는 체면을 지키고 싶기 때문에 체면을 모르는 당신과 엮이고 싶어 하지 않을 것이다. 화가 나서 이성을 잃으면 그만큼 점수가 깎인다. 반드시 차분하게 말을 하고 긍정적이고 겸손한 태도로 의견을 내야 한다. 절대로 눈에 띄게 드러나는 갈등이 있어서는 안 된다. 적극적으로 자기선전을 하는 것보다는 겸손함을 미덕으로 여긴다.

【 사고방식 】

서양 교육을 받은 비즈니스맨은 객관적이고 논리적인 사고를 하는 사람일 것이다. 교육을 많이 받았거나 외국에서 살았던 경험이 있는 홍콩인들도 그럴 수 있다. 하지만 사업을 하는 중국인 대다수는 연상적인 사고를 하는 사람들이다. 그래서 사실과 수치보다 '느낌'이나 '감'에 의존하는 경향이 있다. 특정 회사나 그룹의 철학에 대한 믿음만으로 중요한 사업상의 결정을 할 때가 있다. 개개인보다는 전체, 분열보다는 화합을 강조한다.

사업상 접대

부유층 사람이나 큰 회사의 직원을 만나게 되면 그들은 자신의 방식대로 접대를 해줄 것이다. 갑판에 40명 정도가 탈 수 있는 모터보트 또는 요트를 이용해 정크 트립을 갈 수도 있다.

보통은 주말 동안 외딴 섬으로 여행을 떠나는데, 섬에 정박할 때마다 음료와 점심식사가 제공되며 해산물 음식점에 갈 수도 있다. 수영이나 다른 워터 스포츠도 즐길 수 있다. 저녁 시간 동안만 해산물 음식점으로 유명한 섬에 가는 정크 트립도 있다. 도시를 벗어날 수 있는 매우 기분 좋은 방법이며, 따뜻한 저녁 시간 동안 아름다운 도시 야경을 즐길 수도 있다.

단체로 경마장 야유회를 가기도 한다. 홍콩의 경마는 명물 중 하나로, 어린이의 출입은 금지되어 있지만 어른이라면 누구든 즐길 수 있다. 트랙은 평평하며 레이스는 짧지만 경기에 거는 돈은 어마어마하다.

(해피밸리와 샤틴에 있는) 경기장 아래쪽 좌석은 서로 밀치며 소리 지르는 관중들로 가득하며 식음료 가판대도 손님들로 붐빈다. 하지만 사업계 거물들이 '전용관'을 가지고 있는 위쪽 좌석은 사뭇 분위기가 다르다. 각 전용관에는 개인 관람 테라스도 있고 일류 요리도 제공되기 때문에 사실상 스위트룸이나 마찬가지다. 음식을 즐기는 중이라면 굳이 일어나서 관람 테라스까지 갈 필요도 없다. 고개만 들면 특별한 모니터가 준비되어 있기 때문이다. 전용관 밖으로 나가면 은행 직원을 연상시키는 유니폼을 입은 여성들이 있어서 베팅을 할 수 있다. 중국

사회에서는 포커페이스가 꼭 필요하다. 돈을 잃든 땄든 아무런 표현을 하지 않아야 한다.

광둥식 오페라 같은 문화 공연을 관람할 수도 있다. 광둥식 오페라는 적응하는 시간도 필요하고 공연 시간이 4시간 이상이라 힘들 수도 있기 때문에 보여주는 중국인 입장에서도 외국인이 그 진가를 다 알아보리라고 기대하지는 않는다.

연회

중국인에게 연회는 특별한 의미가 있다. 연회는 계약이나 연례 만찬 등 회사의 큰 행사나 결혼식 등을 할 때 이용한다. 격식을 차린 중국 식사로 한 끼 또는 여러 끼를 제공하기도 한다. 연회의 주체는 개인이 될 수도 있고, 회사가 될 수도 있다. 메뉴는 미리 짜서 손님들이 볼 수 있게 테이블에 올려놓는다. 보통은 열두 가지나 열네 가지 코스 요리가 순서에 따라 나오며, 각각의 요리는 경우에 따라 다를 수 있다. 하지만 거의 모든 요리에 단백질이 포함되어 있어서 한 연회에서 열두 가지 정도의 육류, 가금류, 생선을 맛볼 수 있다. 보통 한 요리는 개인 접시에 담겨져 각각 따로 제공되지만, 온전한 형체가 다 보여야 하는 오리 요리 같은 경우에는 큰 접시에 담아 제공된다. 새로운 코스가 나오면 보통 건배를 하며 음료를 마신다. 다른 사람들을 보면서 행동을 따라하면 되는데, 잔을 오른손에 쥐고 왼손으로 잔 바닥을 받친 다음 테이블 위에서 크게 원을 그리듯 돌리고 한 모금을 마신다. 차, 탄산음료, 맥주, 브랜디 등 무엇을 마셔도 상관없다. 호스트가 젓가락을 들면 따라 들고 요리를 즐기자.

맨 처음에는 차가운 요리, 보통 샐러드가 나온다. 그 다음에는 통째로 찐 그루퍼나 제비집 수프가 차례로 나온다. 상어 지느러미 요리를 금지하고 있는 음식점과 기업이 있기는 하지만 그래도 여전히 많은 음식점에서 상어 지느러미를 내놓는다. 가끔 귀중한 손님에게는 호스트가 직접 고른 음식을 줄 때가 있는데, 그런 경우에는 고맙게 받고 즐겁게 먹어야 한다. 돼지기름에 요리한 닭발처럼 생소한 음식일 경우에는 먹기 어려울 수도 있지만 조금이라도 먹어보려는 시도를 해야 한다. 원래 전통적으로는 음식을 조금씩 남겨야 탐욕스럽거나 굶주려 보이지 않는다고 하지만, 같이 식사를 하는 동료들을 보며 적당히 처신하도록 하자.

연회는 호스트가 얼마나 부유한지 보여주기 위한 것이다. 그러므로 혹시 배가 차지 않은 사람이 있을 경우를 대비해 밥이나 국수가 맨 마지막에 나오는데, 이것은 남기는 것이 예의다. 이것을 다 먹어버리면 음식이 충분하지 않았다는 의미로 해석되므로 예의에 어긋날 수 있다.

맨 마지막 코스는 달콤한 디저트일 것이다. 그 뒤를 이어 과일이 또 나올 수도 있다. 디저트가 나오면 연회가 끝났다는 의미로, 과일을 먹고 나면 호스트가 자리에서 일어난다. 호스트가 자리를 뜨면 당신도 따라서 일어나야 한다. 호스트가 출입구 옆에 서 있으면 손님은 인사를 하며 나가는데, 이때 양손을 모으고 가볍게 고개를 숙이거나 양손으로 악수를 하며 고개를 숙인다.

【 젓가락 】

젓가락을 사용할 때는 한쪽의 3분의 1 지점을 연필 잡듯이 잡은 뒤 다른 한쪽을 세 번째와 네 번째 손가락 사이에 끼우고 집게를 움직이듯 음식을 집으면 된다. 고기 조각이나 채소는 상대적으로 집기 쉽지만 땅콩이나 부드럽고 둥근 재료는 어려울 것이다. 사스 이후 고급 레스토랑에서는 서로 다른 색깔의 젓가락 두 쌍을 세팅해놓는다. 하나는 음식을 덜어놓는 용도(또는 옆 사람의 편의를 위해 음식을 전해주는 용도)며, 또 다른 하나는 음식을 집어 먹는 용도다. 많은 홍콩인이 세균에 꽤나 민감하기 때문에 이 둘을 헷갈리지 않도록 유의하자. 웨이터가 음식을 덜어주지 않는 경우, 테이블 가운데에 있는 음식을 젓가락으로 집어서 바로 입에 넣는 행위는 예의에 어긋날 수 있다. 일단 자신의 그릇에 옮겨 담은 후, 먹는 용도의 젓가락으로 먹어야 한다.

공을 많이 들인 연회나 자선 연회의 경우에는 작지만 비싼 선물이 자리마다 놓여 있다. 회사 연회의 경우에는 숫자가 적힌 응모권이 있을 때가 있는데 제비뽑기로 추첨해서 선물을 준다. 이런 것들은 모두 호스트의 체면을 세워주는 것으로, 호스트가 후하다는 인상을 심어주며 어느 정도는 당신이 갚아야 할 부채라고 할 수 있다.

【 게임 】

큰 규모의 비즈니스 연회나 결혼식의 경우 연회실 바로 옆에 게임방을 열어두는 경우가 종종 있다. 손님들은 주사위 게임이나 중국식 카드 게임을 할 수 있다. 카드 게임은 포커나 듀

스와 비슷하며, '빅투'라고 불린다. 캐릭터와 상징이 새겨져 있는 144개의 패를 이용하여 네 명이 게임을 하는 마종, 즉 마작도 인기 있다.

【 노래방 기계 】

홍콩인들은 연회가 끝나고 노래를 부르는 것도 좋아한다. 노래방 기계가 유행하기 전에는 술에 취했거나 겁이 없는 손님만 무대에 올라 무반주로 노래를 불렀지만 이제는 노래를 부르지 않을 구실이 없어졌다. 일부 외국인들은 이런 형태의 유흥에 거리감을 느끼기도 하지만 대부분은 좋아한다. 과감하게 참여하면 평판이 상당히 좋아질 것이다. 연회가 잘 진행됐다면 그 이후 시간에도 분위기가 좋을 것이며, 사람들 간의 벽도 많이 허물어질 것이다. 일단 홍콩인들이 먼저 노래를 시작하는 것이 중요하다. 그러면 외국인들도 편하게 뒤따라 부를 수 있다. 외국인이 같이 일하는 상대와 함께 노래를 부르는 것도 뜻밖의 즐거움이 될 수 있다. 규칙이 그렇다면, 따르도록 하자.

노래방 마니아들을 위해 홍콩에는 지저분한 곳부터 호화로운 곳까지 굉장히 많은 노래방이 있다.

협상

협상하는 내내 같은 팀을 유지하는 것이 유리하다. 그래야 믿음과 존중의 감정이 강화될 수 있다. 나이가 많은 사람을 공경하기 때문에 협상팀 대표는 50대 정도는 되어야 좋다.

몇 가지 대안을 준비해서 중국 상대에게 작전을 쓸 수 있는 여지를 주는 것이 좋다. 그래야 상대는 당신의 제안을 거부하거나 조정하면서도 체면을 유지할 수 있기 때문이다.

'네'가 반드시 동의를 뜻한다고 생각해서는 안 된다. 듣는 사람이 당신이 하는 말을 이해하고 있다는 의미로 별 뜻 없이 쓰기도 하기 때문이다. 마찬가지로 '아니요'를 듣지 않았다고 해서 동의를 했다는 뜻도 아니다. '네'는 종종 결함이나 지연을 감추기 위한 공손한 방법이기도 하므로, 대답이 불분명하다는 느낌이 들면 반드시 그 화제에 대해 다시 논의할 필요가 있다. 중국인들은 직접적으로 '아니요'를 쓰는 대신 '생각해보겠습니다' 또는 '글쎄요'를 쓴다. 특히나 당신이 고객일 경우 '아니요'를 쓰면 고객의 체면이 깎일 수도 있다고 생각하기 때문이다. 따라서 중국인과 대화할 때는 행간을 잘 읽을 필요가 있다.

> **· 차 ·**
>
> 차의 중요성을 과소평가하지 마라. 언제나 차 대접은 받아들여야 한다. 그래야 협상할 의사가 있는 것으로 이해한다. 차가 나오면 호스트가 먼저 마시기를 기다려라. 찻잔은 유용한 시각 보조 기구다. 이를테면 당신의 컵이 당신의 회사를 의미하며 찻잔의 위치가 두 회사 간의 친밀도를 나타낼 수 있다.

세부 항목까지 주의를 기울이느라 협상이 매우 느리고 오래 걸릴 수 있다. 그리고 중국 협상팀은 협상 막바지에 이르러 '타협'이라는 명목 아래 큰 폭의 할인을 요구할 수 있으니 미리 고려해두자. 풍수에 대한 중국인의 믿음을 존중해야만 해결되는 문제도 많다는 것도 기억해야 한다.

법치주의

법규는 굉장히 중요하다. 법규는 사람들이 그들의 삶을 계획대로 살 수 있도록 투명성과 확실성을 약속한다. 누구나 법이 무엇인지 알고 법을 바꿀 때도 정당한 법 절차에 따른다는 걸 알고 있다. 홍콩 정부가 내리는 모든 결정은 견제와 균형에 의해 이루어진다. 그렇기에 행정부는 권력을 남용할 수 없고 정부의 의사 결정 과정은 투명하다. 경찰 역시 법의 적용을 받으며 권력을 남용하지 않는다. 개개인은 공평하고 편파적이지 않은 심리와 공판을 보장받는다. 법의 지배는 독재자든 다수의 횡포든, 누가 권력을 갖고 있는가에 관계없이 가장 좋은 대안이 된다. 현대 자유 민주주의가 중요한 이유는 인간의 기본적인 권리를 존중받기 때문이다.

중국에 반환된 이후로 홍콩은 '일국양제'라는 기본법에 의해 자유를 보장받았다. 그래서 이전의 자본주의 체제와 생활 방식이 50년간 변화 없이 이어질 수 있었다. 사업체들이 본토로 이전하지 않고 홍콩에 남아 있는 주된 이유 중 하나가 바로 이 법 때문이며, 이것이 홍콩의 성공에 필수적인 역할을 해왔고 앞으로도 그럴 것이다. 기본법에 대한 간섭 또는 '재해석'은 이 법을 위태롭게 할 수도 있다. 그래서 홍콩의 입법회는 늘 기본법을 지키기 위해 경계한다. 전 율정사 사장 엘시 렁의 말을 인용하자면 "법의 지배는 개인으로부터, 그리고 법정에서 보호받기 원하는 그들의 권리에서부터 시작한다. 그리고 정의는 법정에 있는 공정한 판사들에 의해 집행된다. 법의 지배는 정부의 독단적인 간섭에 대한 공포에서 벗어나서 돈 많고 힘 센 사람들에 의한 부적절한 영향력 없이 일을 처리하고자 하는 사람들의 자유를 보호한다. 법의 시작점은 개인이지만 결국 사회 전체를 아우른다."

홍콩의 특정 법령은 중국의 전통적인 법을 따르고 있지만, 기본적으로는 영국의 관습법을 따르고 있다. 특히 계약에 대한 법이나 지적 재산권에 대한 법은 비즈니스 세계에서 중요하게 여겨진다. 홍콩에는 경력 많은 국제 로펌과 지역 로펌이 굉장히 많다. 또한 중국 반환 때 만들어진 종심법원이 있어서 홍콩의 관습법을 집행하는 궁극적인 결정권자 역할을 하고 있다.

비즈니스와 정부

홍콩특별행정구 정부는 비즈니스를 적극적으로 지원하며, 해외에 11곳의 경제무역사무소가 있기 때문에 홍콩에 오기 전부터 어마어마한 양의 정보를 얻을 수 있다. 정부는 작지만 효율적이며 청렴하고 공정하기로 유명하다. 또한 개인 세금과 법

인세 모두 상대적으로 낮으며 계산하기도 간단하다.

무역산업부는 사업을 시작하고자 하는 사람들에게 무료 서비스를 제공하고, 홍콩에서 비즈니스를 하기 위해 필요한 모든 정부 면허, 허가, 자격, 승인 등에 대한 정보를 제공한다. 노동부는 취업과 인적 자원 관리에 대해, 출입국 관리부는 비자에 대한 정보를 준다. 금융 지원도 가능하며, 일단 사업을 착수하면 개발과 관리에 관련해서도 도움을 받을 수 있다. 사업가를 위한 투자 비자라는 것이 있으며 미국이나 영국 같은 나라에 비해 취득하기 어렵지 않다.

무역박람회

홍콩의 무역발전국은 일 년 내내 수많은 무역박람회를 조직한다. 홍콩 컨벤션센터는 모든 설비를 갖춘 아주 큰 건물로, 항구 옆에 아름답게 위치하고 있다. 공항 가까이에 있는 아시아월드엑스포는 7만m²(2만 1,175평)의 전시, 이벤트 공간을 자랑한다.

무역발전국은 홍콩 회사와 계약을 맺기 위해 외국에서 온 사업가들이 편리하게 쓸 수 있도록 유용한 링크와 웹사이트를

40개가 넘는 카테고리 안에 정리해놓았다. 온라인 잡지 〈홍콩 민즈비즈니스〉는 홍콩의 비즈니스와 이니셔티브, 특히 포괄적 경제 동반자 협정과 벨트 앤드 로드 이니셔티브에 대한 모든 종류의 정보를 제공한다.

09

의사소통

홍콩인들은 표준 중국어보다 광둥어를 더 많이 쓴다. 그리고 읽고 쓸 때는 간체자를 쓰는 중국 본토와는 달리 전통적인 한자를 이용한다. 다른 모든 중국어가 그러하듯 광둥어도 성조 언어며 9개의 성조를 이용한다. 하지만 명확하게 구분되는 건 6개이기 때문에 광둥어를 배우는 사람들은 여섯 가지만 배우는 경우도 있다.

광둥어와 표준 중국어

앞서 보았듯 홍콩인들은 표준 중국어보다 광둥어를 더 많이 쓴다. 그리고 읽고 쓸 때는 간체자를 쓰는 중국 본토와는 달리 전통적인 한자를 이용한다.

하지만 표준 중국어를 널리 가르치고 있고 일부 학교에서는 의무 교육도 하고 있다. 광둥 문화의 보존을 걱정하는 사람들도 있지만, 본토 정부에 좋은 인상을 심어주고 중국과의 끈끈한 비즈니스 관계를 지속하기 위해서는 표준 중국어 교육도 중요하다고 생각하기 때문이다.

다른 모든 중국어가 그러하듯 광둥어도 성조 언어며 9개의 성조를 이용한다. (표준 중국어에는 4개의 성조가 있다.) 하지만 명확하게 구분되는 건 6개이기 때문에 광둥어를 배우는 사람은 여섯 가지만 배우는 경우도 있다. 성조 언어는 음의 높낮이에 따라 의미가 달라질 수 있다. 외국인 입장에서는 이 차이를 구분하기가 힘들기 때문에 오랜 시간을 들여 연습해야만 편하게 듣고 쓸 수 있다. 물론 확실히 모를 때는 문장의 문맥을 생각하면 의미를 이해하는 데 도움이 된다. 광둥어의 주요 성조 6개는 다음과 같다.

- 고음에서 유지하기 또는 고음에서 내려가기(1성)

- 중음에서 올라가기(2성)

- 중음에서 유지하기(3성)

- 저음에서 내려가기(4성)

- 저음에서 올라가기(5성)

- 저음에서 유지하기(6성)

강조를 할 때는 보통 문장 끝에 '불변화사'를 덧붙인다. 일반적으로 교육 수준이 낮은 사람일수록 불변화사를 더 많이 강조하며 대부분 '-아아' 그리고 '-라아'로 문장을 끝내기 때문에 이것이 광둥어에만 있는 독특한 소리가 되었다.

성조를 잘못 쓰면 상대방이 이해하지 못할 수도 있다. 성조가 다르면 의미가 없는 말이 되거나 아예 의미가 다른 말이 될 수도 있어서 당혹스러운 상황이 생길 수 있다. 물론 외국인을 상대하는 사람이라면 요점을 쉽게 파악하겠지만 말이다.

홍콩은 광둥어를 쓸 때 홍콩언어학학회가 1993년에 만든 월어병음방안을 이용한다. 발음과 숫자로 나타낸 성조를 동시에 보여주는데, 예를 들어 hoeng1gong2(홍콩)에서 'hoeng1'은 1성으로, 'gong2'는 2성으로 발음해야 한다는 뜻이다.

영어

홍콩 교육 시스템이 구어체 영어보다 문어체 영어를 더 강조하기는 하지만, 방문객들은 별 무리 없이 영어로 의사소통을 할 수 있다. 상대가 당신이 말하는 이름이나 질문을 이해하지 못하면 직접 적어서 보여주는 것이 도움이 될 수 있다. 광둥어를 몇 마디 쓰면 현지인들은 매우 감탄하거나 아낌없는 칭찬을 해준다. 하지만 나이가 많은 홍콩인과 몇 마디 대화를 나누고 나면 칭찬이 잦아든다. 광둥어를 너무 잘 하는 사람에게는 약간의 의심을 품는 것이다.

영어를 써도 문제가 생길 수는 있다. 중국어에서 어떤 진술에 대한 대답은 그 진술에 대한 긍정이나 부정을 의미하지, 부가의문문에 대한 긍정이나 부정이 아니기 때문에 이와 관련하여 혼란스러운 상황이 생길 수 있다. 예를 들어 '당신은 그런 의미로 말한 것이 아닙니다, 그렇지요?'라고 물어보자. 홍콩인이 '네'라고 대답하면, '네, 당신 말이 맞습니다. 저는 그런 의미로 말하지 않았습니다'를 의미하지만 영어를 쓰는 사람은 '네'라는 대답을 '네, 저는 그런 의미로 말했습니다'로 이해한다. 그러니 네, 아니요를 어떤 의미로 말했는지 주의를 기울여야 한다.

영어 수업 시간에 억양을 배우기는 하지만 제대로 쓰는 사람은 많지 않다. 그래서 몇 차례 반복해서 묻거나 적어달라는 부탁을 할 마음의 준비를 해야 한다.

홍콩인들은 말하기를 좋아하고 최선을 다해 의사소통을 하려 한다. 하지만 반환 후 교육을 받은 젊은이들은 그런 경향이 덜하고 부끄러워하거나 자신감이 부족하다. 그래서 영어 능력이 뛰어난데도 불구하고 영어를 말하는 상황을 피하려 한다. 또한 악센트가 강해서 뭐라고 하는지 알아듣기 어려울 때가 많다. 광둥어는 한 음절로 된 단어로 이루어진 언어이기에 대부분의 말이 모음이나 성문 폐쇄음으로 끝난다. 그런 탓에 자음으로 끝나는 영단어는 발음이 생략되는 경향이 있다.

자주 사용되는 문장은 광둥어와 영어가 결합된 '칭글리시'로 탄생되기도 했다. 그만큼 홍콩인들이 영어를 많이 쓴다는 뜻이다. 홍콩인들은 강조하고 싶은 단어가 있을 때는 광둥어를 할 때와 마찬가지로 길게 늘이는 경향이 있다. 'it's sooo hot'은 'hooo yit'으로 발음한다. 홍콩에서 오래 살다 보면 여러분도 칭글리시를 쓰는 자신을 발견하게 될 것이다. 중국어에는 'he'와 'she'의 구분이 없기 때문에 영어가 아무리 유창한 홍콩인이라도 그 둘을 혼동할 수 있다.

유머

광둥어에는 속어나 농담, 유행하는 말장난 같은 것이 많다. 그 덕분에 광둥어는 재미있고 미묘하며 끊임없이 변하는 언어가 되었다. 매일 광둥어를 쓰는 사람들은 동료들과 함께 있을 때는 거리낌 없이 욕이나 비속어를 쓴다. 하지만 영어로 말을 할 때는 친하고 편한 사이가 되어도 신중하고 겸손하게 말을 한다. 친구들끼리 있을 때 상대를 놀리는 것은 애정의 표시이지 상처를 주려고 하는 행동이 아니다. 연인끼리도 서로 당황스러운(가끔은 '귀여운') 별명을 지어주기 때문에 이런 광경에 익숙해지려면 시간이 걸릴 수도 있다. 영어 농담은 제대로 번역이 되지 않을 수 있다. 중국어로 바꾸면 표현이 달라질 수도 있고 중국어 단어가 영어보다 더 구체적인 경우가 많기 때문이다. 풍자는 흔하지 않다. 그저 장난스럽게 놀리는 것이 더 익숙하다.

【 웃음 】

외국인들은 홍콩인의 웃음을 잘못 해석할 수 있다. 홍콩인은 가족 구성원의 죽음 같은 심각한 뉴스를 전하면서도 웃음을 지을 때가 있기 때문이다. 이는 결코 무례하게 행동하려는 의도가 아니라 당황스러움을 감추기 위한 방법일 뿐이다. 당신이 길거리에서 넘어지면 사람들은 당신을 일으켜 세우는 대신 웃어버리고, 그래서 속상하고 당황스러울 수 있다. 여성들은 종종 쑥스러움의 표시로 입을 가리고 웃는다.

보디랭귀지

중국인들은 신체 접촉을 하지 않는 편이다. 악수는 일반적인 인사법이며, 친구끼리는 양손을 사용하거나 좀 더 오랫동안 악수를 하기도 한다. 중요한 것은 품위 있고 겸손한 행동이다. 구부정한 자세는 무례한 것으로 여겨진다.

고개를 저으면 '아니요', 끄덕이면 '네'를 뜻한다. 하지만 고개를 끄덕이는 건 동의보다 단순한 이해를 뜻하는 것일 수도 있다. 누군가를 소개받았을 때나 하급자가 상급자를 만났을 때는 고개를 살짝 숙여 인사하는 것이 적절하다. 축하나 감사 인사를 전할 때, 새해나 축제를 맞아 인사를 할 때는 양손을 잡고 살짝 머리를 숙이는 것이 일반적이다.

누군가를 부를 때는 손을 들고 손바닥을 아래로 향하게 한 뒤 손가락과 손을 당신 쪽으로 흔들면 된다.

음료수를 따라줘서 고맙다고 하려면 테이블을 손가락으로 몇 차례 치면 된다.

엄지손가락을 들거나 내리는 것은 서양과 똑같은 뜻이 있다.

이쑤시개를 쓸 때는 입을 가린다. 여성이 입을 크게 벌리고 이를 보여주면 부적절하다고 생각한다.

직접적으로 손가락질하는 것은 예의에 어긋난 행동으로 여겨질 수 있다. 검지와 중지 사이에 엄지를 끼우는 행동 역시 무례하기 때문에 피해야 한다.

매체

비록 경마 관련 기사가 주요 관심사일지라도, 중국어 매체는 엄청난 독자층을 가지고 있다. 가장 영향력 있는 신문으로는 〈밍파오〉, 〈애플데일리〉, 〈오리엔탈데일리〉가 있다. 앞의 두 신문은 베이징에 대해 비판적이기보다는 이해심 있는 태도를 보여주고 있다. 하지만 〈밍파오〉의 편집자는 홍콩 정치인에 대한 비판적인 기사를 실었다가 해고를 당하기도 했다. 원래부터 스캔들의 진상과 폭로에 대해 단도직입적인 태도를 보여왔던 〈애플데일리〉는 요란하고 선정적인 가십성 기사와 타블로이드 판형으로 인기를 끌게 되었다.

주요 영자 신문으로는 최근에 중국 본토의 거대 전자 상거래 회사인 알리바바 그룹이 매입한 〈사우스차이나모닝〉이 있는데, 많은 사람들이 이 신문사가 점점 편향된 기사를 게재한다고 느끼고 있다. 그리하여 〈더스탠더드〉가 차세대 유력 영자 매체가 되었다. 〈CNN트래블〉과 〈타임아웃홍콩〉뿐만 아니라 〈HK매거진〉 모두 온라인에서 유용한 정보를 제공한다. 블로그도 굉장히 많으며 그중에는 특별히 외국인 거주자나 방문객들을 대상으로 정보를 주는 곳도 있다.

상업적인 무료 텔레비전 채널은 9개가 있는데 그중에 '펄'은 영어 프로그램을 제공하는 유일한 채널이다. RTHK는 뉴스와 공공 정보 프로그램을 텔레비전과 라디오를 통해 제공하는 공영 방송이다. 최근에는 시험 채널이 3개 생겼는데, 그중 한 군데에서 중국 CCTV-9을 영어로 동시 송출한다. 비우TV는 상대적으로 최근에 문을 연 무료 텔레비전 방송국이다. HKTVE가 운영하며 PCCW가 설립한 곳으로 홍콩의 주요 유선 광역 케이블 텔레비전 운영자다. 앞으로 영어 콘텐츠가 있는 채널을 포함해 더욱 다양한 채널이 서비스될 예정이다. 전통적으로 영어 채널은 주로 금융, 라이프스타일, 야생 동물 프로그램, 드라마, 영화에 국한되어 있었고, 뉴스는 영어와 표준 중국어로 제공되었다. 영어로 진행하는 텔레비전 뉴스가 현저히 부족하여 2014년 우산혁명 때도 당면 과제로 언급되기도 했다.

케이블 TV에는 영어와 중국어 채널이 다양해서 엔터테인먼트, 드라마, 영화부터 스포츠와 금융까지 모든 카테고리를 다루고 있다. 넷플릭스는 2016년에 홍콩에서 서비스를 개시했다.

홍콩인들은 매체의 자기 검열이 최근 몇 년 동안 더 심각해진 상황을 인식하고 있다. 그래서 편향되지 않은 보도를 찾기 위해 온라인을 통해 홍콩 밖으로 눈을 돌리고 있다. 블룸버그, BBC월드서비스, CNN, 알자지라 등은 케이블에서 시청 가능하다.

서비스

【 공중전화 】

대부분의 공중전화가 사라졌지만 아직도 공항, 스타페리 등 연락선 터미널에서는 찾아볼 수 있다. 필요하다면 명품 매장, 쇼핑몰의 안내소, 호텔 로비 등에서 전화를 쓸 수 있다. 공중전화가 아닌 유선 전화는 무료로 쓸 수 있다. 해외 통화를 하려면 편의점 등에서 전화카드를 구입하면 된다. 몇몇 홍콩 휴대폰 네트워크는 해외 통화 관련 훌륭한 패키지를 제공하고 있기 때문에, 심카드 구입은 선택 사항이다.

【 휴대전화 】

심카드는 모바일 서비스 제공업체나 큰 편의점에서 쉽게 구매할 수 있다. 심카드 패키지에는 시내 전화만 가능한 것, 시내 전화에 데이터까지 쓸 수 있는 것, 시간이나 횟수가 제한되어 있지만 해외 전화까지 쓸 수 있는 것 등 다양한 옵션이 있다. 지역의 심카드를 사용하기 위해 싼 전화기가 필요하다면 전기 제품 판매점이나 컴퓨터 센터에서 쉽게 구입할 수 있다. 그러나 그냥 갖고 있던 휴대전화를 컴퓨터 센터에 가져가서 어디에서나 개통할 수 있게 잠금을 해제하는 편이 더 낫다. 홍콩에서 산 전화기는 모두 언락폰*이다. 홍콩과 중국을 자주 드나드는 사람이 많기 때문에 듀얼 심카드 전화기도 흔하다. 신제나 국경과 가까운 지역을 방문할 때는 모르고 중국 네트워크에 접속되어 데이터 로밍이 일어나지 않도록 조심하자.

【 인터넷 】

홍콩에는 세계 최고 수준의 빠른 인터넷이 있으며 많은 카페, 음식점, 쇼핑몰, 가게에서 무료 와이파이를 제공한다. 홍콩 국제공항에서 역시 무료 와이파이 서비스를 이용할 수 있다. 그런 장소들에서는 대부분 기한 및 조건에 동의하거나 개인 정보는 필요 없지만 '인증'을 해야 하며 이후 한 시간 동안 사용이 가능하다. 더 사용하고 싶으면 다시 '인증'하면 된다.

【 우편과 택배 】

홍콩의 우편 서비스는 싸고 빠르며 편리하다. 미국이나 유럽과 3~5일이면 편지를 주고받을 수 있다. 홍콩 중앙우체국은 스타

---

* 특정 국가, 통신사와 관계없이 자유롭게 사용할 수 있는 단말기 모델―옮긴이

페리 근처에 있으며 토요일에도 문을 열어서 해외에서 온 가정부들에게 유용하다. 우체국 위치와 영업시간은 온라인에서 쉽게 찾아볼 수 있다. 일반적으로 영업시간은 월요일부터 금요일까지는 오전 9시 30분부터 오후 5시까지며, 토요일은 9시 30분부터 오후 1시까지 문을 연다.

지역 택배 서비스뿐만 아니라 주요 해외 택배 서비스도 있어서 도시 어디에 있든 물건을 가지러 온다. MTR 역에 DHL 지사가 있는 경우가 많다.

결론

홍콩은 지난 60년 동안 인류의 업적과 관련하여 지구상에서 가장 특별한 장소였을 것 같다. 홍콩은 이례적이면서도 다양한 변화를 겪었다. 방문객들은 그저 숨이 멎을 듯한 아름다운 경관, 멋진 빌딩, 흥미진진한 쇼핑, 고급 식당에 감탄한다. 하지만 이 책을 읽은 여러분은 이제 혼돈과 맞닿은 질서, 정중한 에티켓과 퉁명스러운 태도, 인접하게 살고 있는 부자와 가난한 자들, 끊임없이 사람들이 지나다니는 길까지 서로 어깨를 맞대고 있는 정반대의 요소들을 발견할 수 있을 것이다. 비즈니스로 홍콩을 방문한 사람들은 같은 비즈니스맨뿐만 아니라 정부와 은행도 접근이 쉽고 협조적이라는 걸 알게 될 것이다. 어딜 가나 사람들은 겸손하고 열심히 일하려는 의지를 보인다. 이 국제적인 도시를 움직이는 가장 강력한 힘은 돈이라는 느낌을 지울 수 없지만, 그래도 사람들은 살아남기 위한 욕구 그 이상의 것으로부터 동기 부여를 받는다. 사람들은 개인적인 환경을 변화시키고 싶어 하고, 이전 세대의 성공을 이어가고 싶어 한다. 시간을 들여서 홍콩과 홍콩 사람들에게 익숙해지면, 기꺼이 정보를 공유하고 도움을 주려는 마음, 자신의 목표를 추구하려는 성실함 같은 배울 점을 발견하게 될 것이다. 홍콩인들은 창의적이며 역동적이고 사회성이 풍부하므로 여러분은 그저 길을 가다가도 친구를 사귈 수 있을 것이다.

참고문헌

Travel Guides

Chen, Piera. *Lonely Planet Hong Kong (Travel Guide)*. Melbourne/Franklin, Tennessee/London/Beijing/Delhi: Lonely Planet, 2015.

Brown, Jules, and David Leffman. *Rough Guide to Hong Kong and Macau*. London: Rough Guides, 2009.

Scott Rutherford (ed.) *Hong Kong Insight Guide*. Hong Kong: Insight Guides, 2003.

Art and Architecture

Morris, Jan. *Building Hong Kong*. Hong Kong: FormAsia, 1995.

Moss, Peter. *Hong Kong style*. Hong Kong: FormAsia, 2000.

Politics and History

Fenby Jonathan. *Dealing with the Dragon. A Year in the New Hong Kong*. New York: Arcade Publishing, 2001.

Snow, Philip. *The Fall of Hong Kong: Britain, China and the Japanese Occupation*. Yale University Press, 2004.

Morris, Jan. *Hong Kong: Epilogue to an Empire*. London: Penguin Books, 1989.

Pullinger, Jackie, and Andrew Quicke. *Chasing the Dragon*. Hong Kong: Servant Ministries, reprinted 2004.

Moss, Peter. *Hong Kong Handover: Signed, Sealed & Delivered*. Hong Kong: FormAsia, 1999.

Cameron, Nigel, et al. *The Hong Kong Collection: Memorabilia of a Colonial Era*. Hong Kong: FormAsia, 1999.

Loh, Christine (Ed.). *Building Democracy: Creating Good Government for Hong Kong* (Civic Exchange Guides). Hong Kong: Hong Kong University Press, 2003.

Business

Lethbridge, David G. (Ed.), et al. *The Business Environment in Hong Kong*. Hong Kong: Oxford University Press (China), 2000

Shopping

Gershman, Suzy. *Born to Shop / Hong Kong, Shanghai & Beijing*. Hoboken, New Jersey: Wiley Publishing, Inc., 2010.

지은이

클레어 비커스

클레어 비커스는 작가로 홍콩에 18년간 거주했다. 그녀의 남편은 1997년까지 홍콩 정부에서 근무했으며, 이 책의 역사와 정부에 대한 내용을 집필하는 데 도움을 주었다. 현대 언어에 대한 학위가 있고, 홍콩의 여러 학교를 위한 사전과 교과서를 집필했으며, 〈사우스차이나모닝포스트〉의 교육 섹션에 칼럼을 기고하기도 했다. 주요 저서로 홍콩의 10대를 위해 집필한 『탈출Escape』이 있다.

비키 챈

비키 챈은 영국에서 공부하고 자랐으나 홍콩에서 주로 활동하는 작가이자, 삽화가 및 미술가이며, 크리에이티브 디렉터다. 평생 동서양을 오가며 여행을 하다가 2006년 홍콩에 정착했다. 그 후 〈사우스차이나모닝포스트〉, 〈차이나데일리〉 등 유력 신문사와 잡지사에 글을 기고하고 있다. 미술과 디자인, 교육, 문화, 생활방식, 여행 그리고 디지털에 관심이 많다.

옮긴이

윤 영

서울대학교 미학과를 졸업하고 같은 대학원에서 고고미술사학과를 수료했다. 현재 번역에이전시 엔터스코리아에서 출판기획자 및 전문번역가로 활동 중이다. 옮긴 책으로는 『세계 문화 여행_일본』, 『세상의 끝에서 에덴을 발견하다』, 『그림 그리기는 즐겁죠』, 『나만의 달』, 『살아남은 자들 1~6』 등 다수가 있다.